[日] 铃木义幸 著
尹宁 译

关键一句
顶十句

62个困难场景一句话启发解决

新 コーチングが人を活かす

山东友谊出版社 · 济南

图书在版编目（CIP）数据

关键一句顶十句：62个困难场景一句话启发解决 /（日）铃木义幸著；尹宁译. -- 济南：山东友谊出版社，2022.1
 ISBN 978-7-5516-2404-6

Ⅰ．①关… Ⅱ．①铃… ②尹… Ⅲ．①企业管理－管理心理学 Ⅳ．① F272-05

中国版本图书馆CIP数据核字（2021）第261142号

新 コーチングが人を活かす（鈴木義幸）

Copyright © 2020 by Suzuki Yoshiyuki
Illustrations © 2020 by Wakata Saki
Original Japanese edition published by Discover 21, Inc., Tokyo, Japan
Simplified Chinese edition is published by arrangement with Discover 21, Inc.
Arranged through Inbooker Cultural Development (Beijing) Co., Ltd.

图字：15-2021-357号

关键一句顶十句：62个困难场景一句话启发解决
GUANJIAN YI JU DING SHI JU：62 GE KUNNAN CHANGJING YI JU HUA QIFA JIEJUE

责任编辑：肖杉
装帧设计：红杉林

主管单位：山东出版传媒股份有限公司
出版发行：山东友谊出版社
　　　　　地址：济南市英雄山路189号　邮政编码：250002
　　　　　电话：出版管理部（0531）82098756
　　　　　　　　发行综合部（0531）82705187
　　　　　网址：www.sdyouyi.com.cn

印　　刷：济南乾丰云印刷科技有限公司

开本：889mm×1194mm　1/32
印张：7　　　　　　　字数：150千字
版次：2022年1月第1版　印次：2022年1月第1次印刷
定价：58.00元

快速使用指南

我们整理了不同情况下哪些技能更有效。
如果您时间不够充裕,可以先试试这些技能。

对方不跟我说话怎么办
技巧 04　提问"小而能够回答的问题" / 11
技巧 05　提问过程中用"什么"代替"为什么" / 14
技巧 16　坦率地向对方表达自己的感受 / 50
技巧 27　回顾过去,是为了找寻通向未来的素材 / 85

明明想让对方说话,却总变成自己一个人的喋喋不休,怎么办
技巧 01　打开心灵的百叶窗 / 2
技巧 04　提问"小而能够回答的问题" / 11
技巧 06　发挥"沉默"的效果 / 17

对方陷于低谷时怎么办
技巧 05　提问过程中用"什么"代替"为什么" / 14
技巧 07　相信对方一定能找到答案 / 20
技巧 49　挖掘出埋藏在心底的宝藏 / 159

怎样应对总合不来的人
技巧 17　看清对方的类型 / 53
技巧 18　准确了解"四种类型的人" / 56
技巧 53　既不要俯视对方,也不要仰视对方 / 171
技巧 62　珍惜彼此的不同 / 200

无论怎样努力传达自己的经验,都不会被认真接受时怎么办
技巧 32　用讲故事的方式引入 / 102
技巧 33　用开场语缓解紧张 / 105
技巧 34　利用妥协—未完成—界线,给出新的切入点 / 108
技巧 37　磨炼完全交由对方判断的提案能力 / 117

不能放心地把工作和判断交给对方时怎么办
技巧 07　相信对方一定能找到答案 / 20
技巧 41　赋予对方失败的权利 / 132

遇到总发牢骚的人怎么办
- 技巧 09　将"不满"变成"提议" / 26
- 技巧 29　让求助者谈论30分钟自己讨厌的人 / 91
- 技巧 39　让求助者坐到教练的位置上来 / 123
- 技巧 56　珍惜异议或反驳 / 182

怎么都觉得对方找不准方向时怎么办
- 技巧 07　相信对方一定能找到答案 / 20
- 技巧 08　启程去寻找答案吧 / 23
- 技巧 27　回顾过去,是为了找寻通向未来的素材 / 85
- 技巧 41　赋予对方失败的权利 / 132
- 技巧 49　挖掘出埋藏在心底的宝藏 / 159

对方的目标设定不顺利时怎么办
- 技巧 12　利用"上堆法",提取抽象概念 / 35
- 技巧 22　不厌其烦地谈论目标 / 70
- 技巧 23　"不想要"给对方30分钟诉说讨厌的事 /73
- 技巧 25　找到有价值的行动 / 79
- 技巧 27　回顾过去,是为了找寻通向未来的素材 / 85

不能很好地和年轻人接触时怎么办
- 技巧 17　看清对方的类型 / 53
- 技巧 18　准确了解"四种类型的人" / 56
- 技巧 36　解释"为什么" / 114
- 技巧 53　既不要俯视对方,也不要仰视对方 /171

沟通总是不融洽时怎么办
- 技巧 16　坦率地向对方表达自己的感受 / 50
- 技巧 17　看清对方的类型 / 53
- 技巧 18　准确了解"四种类型的人" / 56
- 技巧 50　从上方保持距离,观察交流的全貌 / 162

不能引导对方给出建议或想法时怎么办
- 技巧 02　一起寻找答案 / 5
- 技巧 07　相信对方一定能找到答案 / 20
- 技巧 11　尝试向自己提问"终极问题" / 32
- 技巧 51　不要刻意寻找"妥协点" / 165

当对方不能继续坚持自己想要做的事时怎么办
- 技巧 12　利用"上堆法",提取抽象概念 / 35
- 技巧 28　先想象出行动的结果 / 88
- 技巧 40　持续跟进、不断帮扶 / 129

想尽快和新对象建立良好的关系时怎么办
- 技巧 13　给"相遇时的一句话"注入"新意" / 41
- 技巧 16　坦率地向对方表达自己的感受 / 50
- 技巧 17　看清对方的类型 / 53
- 技巧 18　准确了解"四种类型的人" / 56

自己所在小组的气氛不好时怎么办
- 技巧 09　将"不满"变成"提议" / 26
- 技巧 13　给"相遇时的一句话"注入"新意" / 41
- 技巧 14　有意识地磨炼沟通中的附和技巧 / 44
- 第七章　在团队或组织中引起话题(全章) / 180

不知道如何培养与自己不同类型的人时怎么办
- 技巧 17　看清对方的类型 / 53
- 技巧 18　准确了解"四种类型的人" / 56
- 技巧 19　擅于发挥对方的强项 / 59
- 技巧 25　找到有价值的行动 / 79

不知如何夸奖对方时怎么办
- 技巧 20　站在"我"的角度给予对方肯定的褒奖 / 62
- 技巧 44　持续认可 / 141
- 技巧 55　把对方放进另一个视野中去观察 / 177

不知如何支援对方时怎么办
- 技巧 02　一起寻找答案 / 5
- 技巧 21　倾听客户需求 / 65
- 技巧 27　回顾过去,是为了找寻通向未来的素材 / 85
- 技巧 47　教练自己也要每天完成一个小目标 / 153

对方最近看起来很苦恼,该怎么办
- 技巧 23　"不想要"给对方30分钟诉说讨厌的事 / 73
- 技巧 29　让求助者谈论30分钟自己讨厌的人 / 91
- 技巧 35　听得越多越广,越好 / 111

对方没有问题意识时怎么办

技巧 30　满分是10分，你可以给现在的自己打几分？ / 94
技巧 34　利用妥协—未完成—界线，给出新的切入点 / 108
技巧 36　解释"为什么" / 114

有话想说，但又不好意思说时怎么办

技巧 33　用开场语缓解紧张 / 105
技巧 48　励志成为理想型教练 / 156
技巧 50　从上方保持距离，观察交流的全貌 / 162

对方认真耿直，却视野狭隘，看不到很多可能性时怎么办

技巧 31　制作自己的能力核对清单 / 97
技巧 34　利用妥协—未完成—界线，给出新的切入点 / 108
技巧 35　听得越多越广，越好 / 111

虽然做得很好，但还没有一个质的飞跃怎么办

技巧 22　不厌其烦地谈论目标 / 70
技巧 23　"不想要"给对方30分钟诉说讨厌的事 / 73
技巧 38　接受一个出乎意料的要求 / 120

对方最近看起来很疲惫怎么办

技巧 29　让求助者谈论30分钟自己讨厌的人 / 91
技巧 46　注重给对方不断注入能量 / 147
技巧 52　保持高能量 / 168

对方不能坚定执行自己的决定时怎么办

技巧 28　先想象出行动的结果 / 88
技巧 40　持续跟进、不断帮扶 / 129
技巧 42　使用"封闭式问题" / 135
技巧 43　点燃心火 / 138

看不清对方目前的状况或目标达成度时怎么办

技巧 03　利用"下切法"聚焦话题 / 8
技巧 30　满分是10分，你可以给现在的自己打几分？ / 94

对方知识经验丰富，不知如何相处时怎么办

技巧 08　启程去寻找答案吧 / 23
技巧 21　倾听客户需求 / 65
技巧 31　制作自己的能力核对清单 / 97

技巧 53　既不要俯视对方,也不要仰视对方 / 171

如何教对方应对难以相处的人
技巧 10　问问自己,关于对方的话题 / 29
技巧 17　看清对方的类型 / 53
技巧 18　准确了解"四种类型的人" / 56
技巧 29　让求助者谈论30分钟自己讨厌的人 / 91

难以与对方有共同的愿景怎么办
技巧 22　不厌其烦地谈论目标 / 70
技巧 26　关注充满魅力的未来 / 82
技巧 36　解释"为什么" / 114

实现目标的承诺不高怎么办
技巧 25　找到有价值的行动 / 79
技巧 42　使用"封闭式问题" / 135
技巧 43　点燃心火 / 138

无法迈出风险行动的第一步怎么办
技巧 40　持续跟进、不断帮扶 / 129
技巧 41　赋予对方失败的权利 / 132
技巧 45　替换对方心中的画像 / 144

应该成为什么样的教练(父母、领导),没有具体的愿景时怎么办
技巧 47　教练自己也要每天完成一个小目标 / 153
技巧 48　励志成为理想型教练 / 156
技巧 53　既不要俯视对方,也不要仰视对方 / 171
技巧 54　因材施教,发挥每个人的才能 / 174

目录

第一章　与对方一起不断"发现自己"

技巧 01　打开心灵的百叶窗 / 2
技巧 02　一起寻找答案 / 5
技巧 03　利用"下切法"聚焦话题 / 8
技巧 04　提问"小而能够回答的问题" / 11
技巧 05　提问过程中用"什么"代替"为什么" / 14
技巧 06　发挥"沉默"的效果 / 17
技巧 07　相信对方一定能找到答案 / 20
技巧 08　启程去寻找答案吧 / 23
技巧 09　将"不满"变成"提议" / 26
技巧 10　问问自己,关于对方的话题 / 29
技巧 11　尝试向自己提问"终极问题" / 32
技巧 12　利用"上堆法",提取抽象概念 / 35

第二章　构筑与顾客的信赖关系

技巧 13　给"相遇时的一句话"注入"新意" / 41
技巧 14　有意识地磨炼沟通中的附和技巧 / 44
技巧 15　像鹦鹉学舌一样,重复对方的话 / 47
技巧 16　坦率地向对方表达自己的感受 / 50
技巧 17　看清对方的类型 / 53
技巧 18　准确了解"四种类型的人" / 56
技巧 19　擅于发挥对方的强项 / 59
技巧 20　站在"我"的角度给予对方肯定的褒奖 / 62
技巧 21　倾听客户需求 / 65

第三章　关注目标达成

- 技巧 22　不厌其烦地谈论目标 / 70
- 技巧 23　"不想要"给对方30分钟诉说讨厌的事 / 73
- 技巧 24　改变提问的视角，让对方发现梦想 / 76
- 技巧 25　找到有价值的行动 / 79
- 技巧 26　关注充满魅力的未来 / 82
- 技巧 27　回顾过去，是为了找寻通向未来的素材 / 85
- 技巧 28　先想象出行动的结果 / 88
- 技巧 29　让求助者谈论30分钟自己讨厌的人 / 91
- 技巧 30　满分是10分，你可以给现在的自己打几分？ / 94
- 技巧 31　制作自己的能力核对清单 / 97

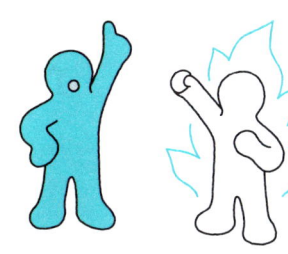

第四章　转变视角或切入点

- 技巧 32　用讲故事的方式引入 / 102
- 技巧 33　用开场语缓解紧张 / 105
- 技巧 34　利用妥协—未完成—界线，给出新的切入点 / 108
- 技巧 35　听得越多越广，越好 / 111
- 技巧 36　解释"为什么" / 114
- 技巧 37　磨炼完全交由对方判断的提案能力 / 117
- 技巧 38　接受一个出乎意料的要求 / 120
- 技巧 39　让求助者坐到教练的位置上来 / 123

第五章　敦促对方的自发行动

技巧 40　持续跟进，不断帮扶 / 129
技巧 41　赋予对方失败的权利 / 132
技巧 42　使用"封闭式问题" / 135
技巧 43　点燃心火 / 138
技巧 44　持续认可 / 141
技巧 45　替换对方心中的画像 / 144
技巧 46　注重给对方不断注入能量 / 147

第六章　立志成为专家型的教练

技巧 47　教练自己也要每天完成一个小目标 / 153
技巧 48　励志成为理想型教练 / 156
技巧 49　挖掘出埋藏在心底的宝藏 / 159
技巧 50　从上方保持距离，观察交流的全貌 /162
技巧 51　不要刻意寻找"妥协点" / 165
技巧 52　保持高能量 /168
技巧 53　既不要俯视对方，也不要仰视对方 /171
技巧 54　因材施教，发挥每个人的才能 / 174
技巧 55　把对方放进另一个视野中去观察 / 177

第七章　在团队或组织中引起话题

技巧 56　珍惜异议或反驳 / 182
技巧 57　与关键人物进行一场彻底的交流 / 185
技巧 58　观察、谈论团队的状态 / 188
技巧 59　团队里"问题"共享 / 191
技巧 60　设计一个容易引起交流的环境 / 194
技巧 61　迈出通向"横向对话"的一步 / 197
技巧 62　珍惜彼此的不同 / 200

作者的话 / 203

技巧 01
打开心灵的百叶窗

技巧 02
一起寻找答案

技巧 03
利用"下切法"聚焦话题

第一章

技巧 07
相信对方一定能找到答案

技巧 08
启程去寻找答案吧

技巧 09
将"不满"变成"提议"

技巧 04
提问"小而能够回答的问题"

技巧 05
提问过程中用"什么"代替"为什么"

技巧 06
发挥"沉默"的效果

与对方一起不断"发现自己"

技巧 10
问问自己，关于对方的话题

技巧 11
尝试向自己提问"终极问题"

技巧 12
利用"上堆法"，提取抽象概念

技巧 01　打开心灵的百叶窗

在指导训练的过程中，最重要的是引导对方不断"发现自己"。即教练通过与客户"共同探索"的方式，引导对方发现连自己都没有意识到的、存在于自身的内部信息，并将"共同发现"的信息转化为知识，作为未来新行动的指导。

你的员工、家人或是顾客，可能已经掌握了充足的信息，能够使他们的工作顺利开展下去。但是，如果没有人帮助他们"发掘自身"，他们可能永远意识不到自己有多大潜能。如果有一个一直陪伴在他们身边，鼓励他们不断进行自我探索的人，那他们所走的每一步将会更加坚定有力。

那么，具体要怎么做才能促使人们发掘其自身的内在潜能呢？

人和人相处的过程中，即使是父母和子女之间，也会存在这样那样的摩擦。这是因为人对自己以外的人大都抱有防备心理。当一个人将心灵的百叶窗严密拉上时，即使是面对专业的教练，他也不会轻易敞开心扉。

作为一名教练，如果想被对方接纳，第一步需要做的就是通过一点点的尝试让对方严密拉上的百叶窗慢慢打开。为了做到这一点，日常生活中的简单交流尤为重要。

"早上好！"

用心沟通,用情交流

早上好!

谢谢!

还好吗?

然后呢?
又发生什么了?
再给我讲一讲吧?

"谢谢！"

在这样简单的日常寒暄中，对方会根据你用心与否，来决定是否对你敞开心扉。如果一名教练在进入指导时，才想方设法让对方打开心扉，为时已晚。对方很有可能在见面的短短一瞬间，就决定了是否愿意接纳你，如果对方已经决定紧闭心扉，无论你再做什么，都已无济于事了。

因此，你要不断提出引导对方发掘自身潜能的问题，当得到对方的回应时，要及时将你了解到的信息传达给对方。

"是这样啊！""原来您是这样想的！"

接下来，继续引导对方自由思考。

"那之后呢？""那接下来您打算怎么做？"

如果你对话题的某个细节感兴趣，请继续发问："关于这件事，能不能请您再详细描述一下？"

通过不断重复"提问—接纳—反馈—引导"的过程，使对方逐渐意识到，你是那个能一直陪伴着他、帮助他进行自我探索的人，这将促使他更加坚定地走下去，直到挖掘出自身的巨大潜能。

面对一个求助者，当你决心通过"共同探索"的方式了解他的能力、感受和想法，帮助他挖掘自身潜能的时候，至少在那一刻，你就已经成了他的人生导师（教练）。

要点 通过"提问—反馈—再提问"的方式，引导对方敞开心扉。

技巧 02 一起寻找答案

我从事经营管理教练这个职业以来，整整十年，一直认为企业教练技术是一门"激发对方潜能的技术"。因此，在本书的旧版中，我屡次用了"激发"一词。

使用"激发"的前提是，对方心中早有可以使事情圆满解决的答案，即使他们没有意识到这一点，但答案早已存在。这个时候，只要有人在旁边点拨一下，对方就一定能在自己内心深处找到它。

这样的理解不一定是错的，但如果把企业教练技术简单理解为"激发对方潜能的技术"，在指导者与被指导者之间，就会出现指导者处于主动位置，被指导者处于被动位置的现象。

指导者是问题的主导者，而被指导者就像刀俎上的鱼肉一样被动回答，在这种情境下，指导者与被指导者间合作的氛围便会悄然消退。

企业教练技术的妙趣就在于一起探索，一起发现。教练不仅是问题的发起者，也是问题的助推者，问题不应该是"自上而下的诘问"，而应该是"两人共同参与解决"。

打个比方，"1+1等于几？""你绝对知道答案的，是吧，快点回答吧！"这种迫使对方回答的方式就是"激发"。

"什么样的计算公式可以得到2呢？在通常情况下，哪个公式是最

第一章 与对方一起不断"发现自己"

提问要从"迫使对方回答"向"共同思考解决"转变

"迫使对方回答"的教练

快点回答!

你到底是怎么想的?

双方形成指导者和被指导者的关系

"共同思考"的教练

让我们一起想想吧!

嗯,怎样办呢?

教练和学员一起在雪白的画布上画画

合适的呢？让我们一起思考各种可能性吧！"这是一种探索的方式，可以促使对方不断地进行探索、发现。"啊！原来是这样啊！""这样也可以啊！"指导者也需要怀揣兴趣和耐心与被指导者一起融入问题当中，共同探索。

遗憾的是，在与企业管理人员交谈时，我发现还有不少人使用的是第一种指导方法。

"你到底是怎么想的？"

他们提高嗓门，像老师对学生那样，把问题抛给下属。

其实上司心中早已有了答案，但为了给下属一个锻炼的机会，故意询问下属的想法，这也是训练的一种，不能说完全不好。但是，我认为这种方式已经违背了企业教练技术的核心价值观。

教练必须与对方始终平等地面对问题。

"这家公司存在的意义是什么？"

"这个部门需要怎么改变？"

"为此，我们需要如何改变？"

如果你站在与对方"平等面对问题"的角度去考虑，就会找到适合两人共同探索的话题，进而引发对方的探索与思考，实现企业教练技术的真正价值。

> **要点** 提问要从"迫使对方回答"向"共同思考解决"转变，使问题最终通过"两人共同参与"的方式解决。

技巧 03　利用"下切法"聚焦话题

人们有把自己的经历作为一个整体（或是模块）储存在脑海中的倾向。所以，当突然被问到"夏威夷之旅怎么样"时，很少有人会具体地说去了什么地方，在那里做了什么。

人们会先用"非常开心""还可以"等这种代表体验的词来回答。和对方的关系越疏远，用这种模糊回答的概率就越大。

如果在得到对方抽象模糊的回答时，你只是简单地回应一句"是这样啊"，这个话题就被终结了。"夏威夷是个好地方，我去年也去了。"当你转换话题，提起自己的经历时，你就可能永远不知道对方所经历的趣事了。

在这里，我们需要利用"下切法"（或分解模块）这个谈话技巧。即引导对方用具体的事例来分解概括性的描述，聚焦话题的具体内容。

"你说玩得很开心，具体有什么开心的事？快告诉我吧！"

"是的，我去了高尔夫球场，那个高尔夫球场太棒了！"

"是吗？哪里棒啊？"

"位置极棒！毗邻海岸……"

在与对方交谈的过程中，我们需要识别对方概括性的反馈，不断利用下切法聚焦具体内容，整个过程如同在根据对方的描述作画，如

发现概括性的描述就使之具体化

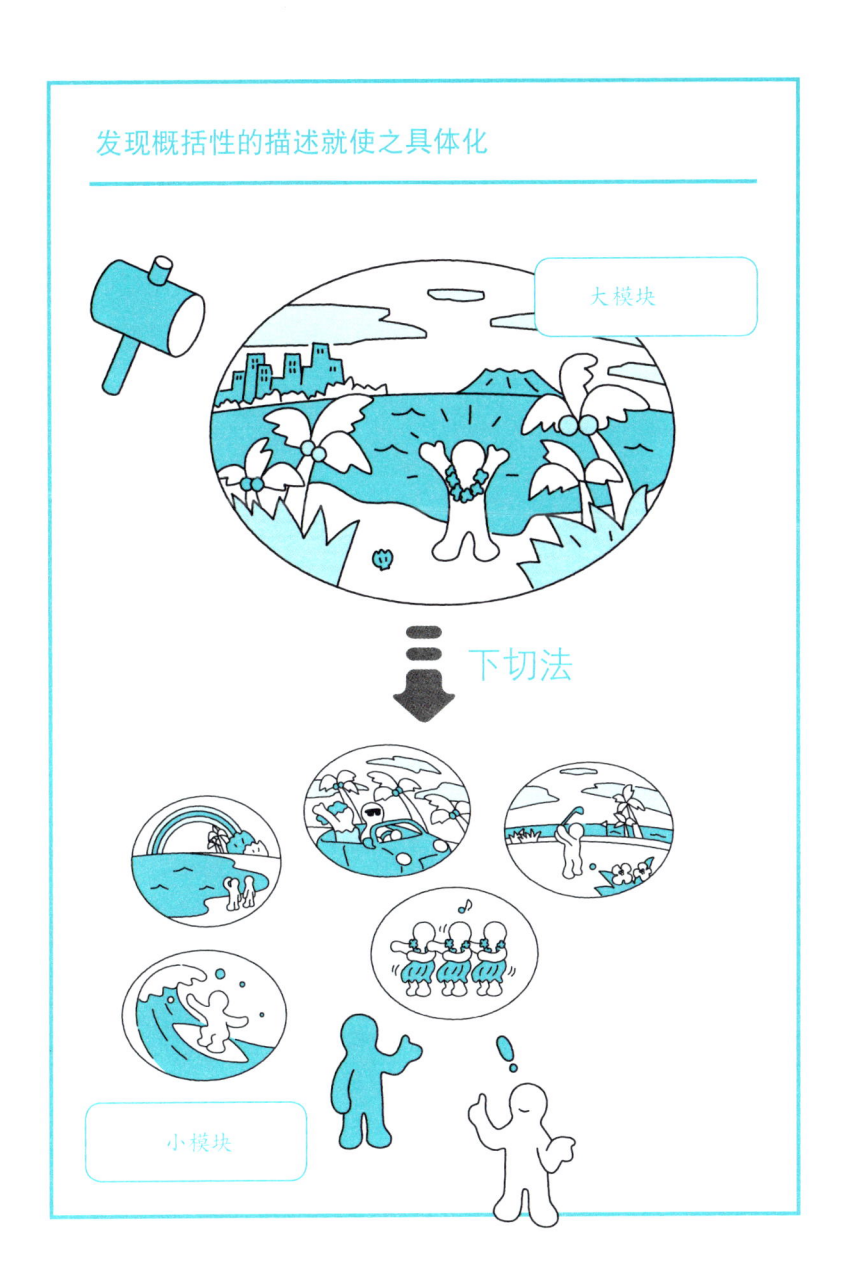

大模块

下切法

小模块

果这一部分还不能准确描绘出来，就需要重复对这一部分提问，直到可以完全将之描绘出来为止。

通过不断反复的这个过程，你可以了解到对方所描述的详尽信息，也能加深对对方的了解。

当面对"那个项目怎么样了"的问题时，如果你的员工只是简单回答："进展不太顺利呢。""你这样回答我怎么知道哪里不顺利！到底是哪里不顺利？"你很有可能会扯着嗓门，大声追问下去。实际上，在这样的谈话模式下，你很难知道"不能顺利进展下去"的真实原因。

"进展不顺利的具体原因是什么？"

"团队成员很难管理。"

"具体在什么地方，你感到成员管理困难呢？"

"A君只考虑自己，不顾他人感受。"

"是吗，A君在哪一方面不顾他人感受了？"

像这样，在谈话过程中，只要发现对方的一处模糊回答，就使之具体化，再发现就再使之具体化。如此反复，就能尽快理解到下属的处境了。

作为上司，你必须意识到，自己有可能得到员工模棱两可的回答，而引导对方用具体的事例分解概括性的回复，聚焦话题中心，是你的职责。如果你能意识到这一点，就不会扯着嗓门，大声斥责对方了吧。

要点 通过不断提问，如同根据对方的描述作画一般，将谈话内容具体化。

技巧 04　提问"小而能够回答的问题"

刚学习企业教练技术的人，在了解到督促对方"发现自我"的妙趣后，往往会这样想"哟，太棒了！让我来指导你吧！"希望马上就将所学运用到具体的实践中，却会因为用力过猛适得其反。

我所在的超级教练公司是一个提供专业企业教练服务的公司，我们的教练员并不是已经在某地做过教练，然后跳槽进来的，而是进入超级教练公司后，才开始系统地接受教练训练。

一次，一名刚进入公司三个月的新员工，突然感觉自己已经掌握了企业教练技术的窍门，兴冲冲地跑到我面前问道：

"铃木先生有什么愿景？你想把公司发展成什么样子？你觉得公司的会议在哪些方面还可以改进？"

我一上班，就突然面对对方毫无征兆、连珠炮似的发问，脑子实在反应不过来，但作为上司，我又不能随随便便应付回答，回想起这段经历，实在令人不快。

企业教练技术的基本内涵是促进对方不断发现自我，上面那种仿佛突然用力将对方内心深处的答案拉扯出来的提问方式是没有任何效果的。

通常情况下，一个刚开始学习企业教练技术的老板，往往体会不到企业教练技术的真正含义，他经常会向下属提出一些棘手的问题。

第一章 与对方一起不断"发现自己"

在提问"大问题"前,先从"小问题"开始

大问题

你有什么愿景?

你的梦想是什么?

小问题

吃午饭了吗?

这套西装不错,在哪里买的?

12

比如，"将来，你想在我们公司实现什么梦想？"突然抛给下属一个"大问题"，老板说的时候带着一脸的骄傲，仿佛在说："看着吧，我会引导你发现自己的！"然后凑到下属面前，等待回答。这样的场景着实令人尴尬，使本来就难以回答的问题变得更加难以启口。

想要回答这样的"大问题"，必须在深入凝视自己内心深处想法的基础上才能实现。

而在回到内心之前，人们普遍习惯于关注表面的事物，突然要将思维对外界的关注切换为对内心的凝视，这就如同在你刚睡醒，还睡眼惺忪时，突然有人强迫你吃下一碗牛肉盖饭一样，实在令人不快！与对方的关系越疏远，这种不愉快的感觉就越强烈。

人们总是尽量避免做不愉快的事情，所以首先要用"小问题"，引导对方慢慢将思维转向自身内在。

打个比方，如果你是上司，可以先问几个不会引起下属抵触的话题。

"吃午饭了吗？"

"你孩子多大了来着？"

"这套西装不错，在哪里买的？"

在这样的沟通中，当对方的关注点渐渐由外部世界转换到自己内心深处时，提出"大问题"的时机就成熟了。

因此，如果想让对方有更多的发现，首先要从"小而能够回答的问题"开始，这是指导过程中不可更变的法则。

> **要点** 要想问对方"大问题"，首先要从"小而能够回答的问题"开始。

> **技巧 05** 提问过程中用"什么"代替"为什么"

在这里,和大家分享我在某大型外资咨询公司进行培训时发生的一个故事。

顾问和教练不同,顾问的职责是利用自己的经验和知识,为对方提出最佳的问题解决方案。为了达成这个目标,顾问需要仔细询问对方的困惑点,并掌握解决问题的关键。因此,掌握指导技巧是顾问必备的技能。

培训过程中,一名顾问提出了这样的问题:"在咨询中,为了找出对方问题的关键,我至少会问十多次'为什么',但即便如此,总感觉还是有些东西没有问出来,是我的提问方式不对吗?"

诚然,在日常生活中,为了弄清事情的真相,我们经常会用"为什么"来提问。想想在你的工作中,有没有这种情况,面对销售业绩惨淡的员工,直接质问他:"为什么你的销售业绩没有增长呢?"

再想一想,一般情况下,对方会如何反应呢?同样的,如果你被逼问"为什么"时,一般会做何反应呢?

在指导的过程中,建议提问者使用"什么"来替代"为什么"。因为用"什么"来提问时,更容易让被提问者探索到自己内心的真实答案。回想一下,当你被问"为什么"时,你的第一反应是什么呢?你并不是客观地分析现实,找出合理的理由,而是想办法给自己铸造一个厚厚的防御堡

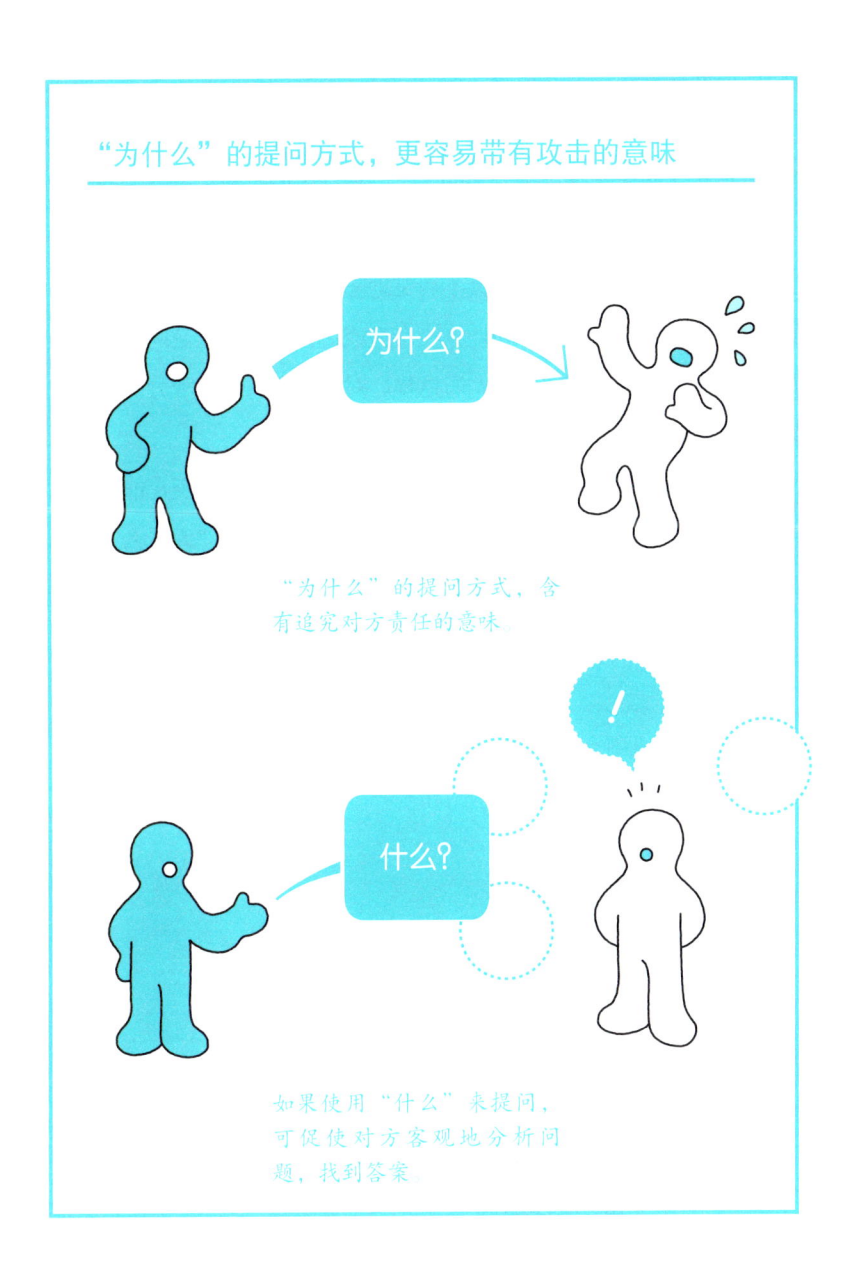

"为什么"的提问方式，更容易带有攻击的意味

"为什么"的提问方式，含有追究对方责任的意味。

如果使用"什么"来提问，可促使对方客观地分析问题，找到答案。

垒，以免再受攻击。

我们为什么会有这样的感受呢？回想一下，当我们还是孩子时，几乎总是在做了坏事后会被问"为什么"。做好事的时候，没有人会问你"为什么"。因此，当我们听到"为什么"这个词时，就会不自觉地联想到将要被责备、被质问，就会不自觉地陷入防御状态。因此，在指导的过程中，我们不会问"你为什么没有完成目标呢？"而是问"具体是什么阻止了你实现自己的目标？"这样，对方就有可能客观分析出他完成目标的障碍。

据之前提问的那个顾问反馈，通过转变提问方式，他现在能够在更短的时间内，了解到更多的客户信息。所以，当你想问"为什么"时，千万忍住，不如换成"什么"试试。

> **要点**　"为什么"的提问方式，更容易引起对方的防备心理。"什么"的提问方式，更容易让对方放下戒备，从容应答。

技巧 06　发挥"沉默"的效果

谈话中突然出现的沉默，往往会使你面露尴尬，身体僵硬，不知该看向何方。就像是想摆脱缠绕在自己身上的绳子一样，你迫不及待地寻找话题，试图打破沉寂。这样的经历，大概每个人都有过吧。

换个角度，你有没有想过"现在我什么都不应该说""给对方一个沉默的时间"，然后和对方一起分享这段时光呢？

从事教练这个职业以来，我见过形形色色的教练，面对谈话中的沉默，他们大概会表现出两种截然不同的应对方式。

一种教练是提问完毕，如果对方没有马上回答，稍做思考，他就会不断地督促。"问题很难理解吗？""啊，具体来说就是这样的啊。"只要对方沉默一秒钟，他就会喋喋不休地发问。

另一种教练是耐心等待的人，如果对方正在考虑，他什么都不会说，一直静静地等对方开口。等待三四秒还没什么，如果等的时间久了，就会让人觉得如果我再不说些什么，气氛就变得尴尬了，所以不知不觉中，就说出了许多无关紧要的话。第二种教练比第一种要好，但还不是最好的。

对照这两种教练的处理方法，我找到了如何发挥"沉默"效果，让指导者和被指导者一起享受这段时光的答案。

首先向被指导者提出问题，接着让对方思考，如果对方没有马上

第一章　与对方一起不断"发现自己"

如何应对沉默造成的紧张

……

啊，我不得不马上说点什么，来打破沉默呀……

慢慢考虑，在你回答之前我什么都不会说。

啊，原来不用慌慌张张地说些什么啊！

18

回答，就告诉他："不用着急，慢慢考虑，在你回答之前我什么都不会说。"

试想一下，如果教练这样对你说，你是不是觉得能够更加轻松地享受沉默时光呢？

只要向对方传达过一次这样的信息，下次再出现沉默时，两人之间就会对如何度过这段沉默时光达成共识，即使没人出声，双方都不会产生奇怪的紧张感。

谈话过程中的沉默并不可怕，作为教练，必须意识到，沉默这一偶然发生的"时间间隔"，其实是对方在探索自身的过程中必须经历的一段不可替代的旅程。

要点　"慢慢考虑。在你回答之前我什么都不会说。"这会让对方感到沉默并不可怕。

第一章　与对方一起不断"发现自己"

技巧 07　相信对方一定能找到答案

我一直认为，教练是"能够调动被教练者主动性的人"，是"能够和被教练者一起洞察自我，发挥个人潜能，增强被教练者的技能、资源和创造力，以便帮助被教练者更好地面对未来的人"。

我自己刚做教练时，与其说是在催促对方洞察自我，不如说是在向对方提出自己的建议。所做的工作与其说是教练，不如说更像是顾问。当我想不出一个机智的建议时，我甚至会感到有点憋屈。

当被客户问道"这件事该怎么做才好呢？"时，因为在脑海中不断提醒自己，指导最重要的是发挥客户的主动性，我会顺着对方的话引导他："您觉得您能做些什么？"

即便是这样，我也会一边提问，一边绞尽脑汁地设想一个完美的解决方案，以便在客户回答不出来的时候，向客户提供我的设想，想象着客户一边赞美"啊，真不愧是教练啊"，一边接受提议的场景。当然，提出建议本身并不是坏事，在指导中有时也需要这样做。

但是，一边考虑提案，一边要协助对方不断洞察自我，发挥个人潜能，就不是这么容易做到了。不知从何时起，我能够更加耐心地等待对方，直到他探索到内心的答案。

"那么，您能做些什么呢？"完成提问后，即使对方只是以"嗯，嗯……"应答，我也会一动不动地保持沉默，像念经一样地告诫自

在提问的同时给予对方巨大的信任

再想想,答案一定在你的心中

你觉得怎么办好?

不要着急,耐心等待。传达充满信任感的话语。

顾客真的会找到很多独具特色、又切实可行的方案己:"他一定能找到些什么。"不可思议的是,当教练站在等待的位置上时,对方真的会找到很多独具特色又切实可行的方案。

语言就是一种沟通工具,语言中所传达的不同情感,会给对方带来不同的体验。即使使用了督促对方洞察自我的专业词汇,如果没有表现出对对方的信赖,在这样的情境中,对方也什么都不能发现。

下次,如果有下属想和你探讨问题,即使你心中早已有了最佳答案,也请先不动声色地问问对方:"你觉得怎么办好?"当然,要满怀着对对方的终极信任,"他一定会有所发现的。"

> **要点** 请相信对方一定能在自己的心中找到答案,满怀信任,耐心等待。

技巧 08 启程去寻找答案吧

接着,讲一个我在为某大型外资信息技术公司的开发部部长做培训时发生的故事。

当我讲到"大家作为职业经理人,如果能够有效地促进员工的自我探索和自我发现,就再好不过了"时,一个与会者一脸严肃地举起了手:"如果员工头脑中空无一物,即使让他探索,又能得到什么答案呢?"他一副有些生气的样子。

仔细询问后,我了解到他是公司研发部门的负责人,部门主要负责研发各式各样的产品。部门把"如何给百年一遇的天才提供更适合研究的环境"作为第一要务。

他认为,至少在他的工作领域,"答案"并不是每个人心中都有的,"答案"只存在于极少数天才员工的头脑中。因此,向普通人发问,必定是徒劳无功的。

尽管他的案例有点极端,但我在为职业经理人做企业教练培训时,经常被问到同样的问题。让缺乏经验和知识的员工去寻找答案,他们又能找到什么?

当然,在企业中,教授模式有时会比指导模式更高效。特别是在工作风险高、员工能力又不足的情况下,教授模式比指导模式更有利于沟通。

第一章 与对方一起不断"发现自己"

纸上得来终觉浅,绝知此事要躬行

教授

指导

但是，如果有时间，为了让员工有更多的探索和发现，让他们启程去自己寻找答案吧。

当面对员工回答"我不知道该怎么做"时，请这样提示他："为了得到答案，你能采取哪些行动？"

对方可能会去书店或图书馆查询，也可能会去询问有经验的同事，也可能会去网上搜索。

不管怎么说，比起被教授知识，自己努力获取的知识，才更能长成自己的骨头和血肉，并在今后的工作生活中被最大限度地发挥利用出来。

如果爱因斯坦所说的"天才就是努力的庸才"这句话是正确的，那么让庸才踏上旅途，也许就能离天才这一顶峰更近一些吧。

> **要点** 不是告诉你答案，而是让你去启程寻找答案。

技巧 09　将"不满"变成"提议"

从事培养人的职业,最害怕的是对方对自己流露出"不满"。因此,无论是公司的老板还是学校的老师,为了尽量避免这种情况,都会时而表现出严厉的一面,时而表现出温柔的一面,尽最大可能减少员工或学生对自己的不满。

在指导中,"将'不满'变成'提议'",是一条亘古不变的准则。所谓的不满情绪,主要是源自受害者心理,当对方认为"你有义务让我快乐(但你却没有履行这个义务)"时,对你的不满情绪就流露出来了。

这时候,你需要将对方从受害方引导为责任方,让对方有"如果我不做些什么,我就不会感到快乐"的想法。举个例子,有下面这样一段对话:

部下:"课长,我觉得没必要再继续这种没意义的晨会了。"

上司:"是吗?你觉得哪里没意义呢?"

部下:"虽然所有人都汇报了自己的计划,但是没有人会真正关心,况且我们每周一都会汇报自己的周计划,我认为这已经足够了。"

上司:"原来如此。但我觉得大家每天早上见见面是很有必要的,如果继续下去,你认为怎样才能让晨会更好地发挥作用?能给我出个主意吗?"

从"不满"转换为"提议"的过程

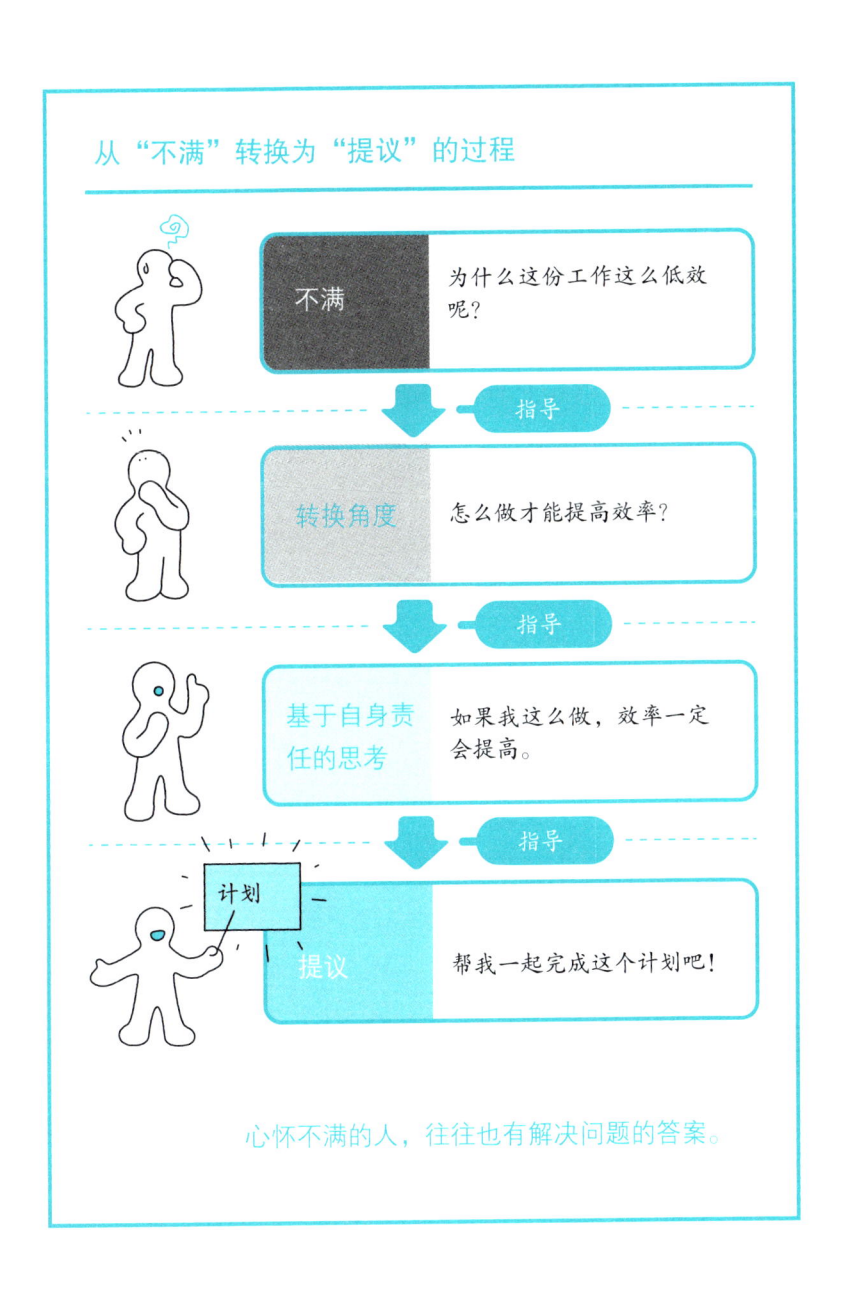

不满	为什么这份工作这么低效呢?
转换角度	怎么做才能提高效率?
基于自身责任的思考	如果我这么做,效率一定会提高。
提议(计划)	帮我一起完成这个计划吧!

各阶段之间通过"指导"衔接。

心怀不满的人,往往也有解决问题的答案。

部下:"是啊……比如,今天要以怎样的心态来对待工作,让大家都发发言怎么样?然后把大家的想法写在白板上。"

上司:"好主意啊,你能在今天的晨会上向大家提出这个建议吗?当然,我也会告诉大家,我十分赞同这个主意。"

部下:"好的,请多多关照。"

像这样,如果你可以随时将"不满"转化为"提议",你就没必要害怕"不满"了。同样,体育界的滥用权威问题经常被爆出。体育界教练最不想被运动员质疑权威。只要运动员流露出一点不满情绪,或是以某种形式表现出来,某些教练就会拼命压制。当然,这种教练有培养运动员的用心,但我认为,他更看重的是"自己的绝对权威",他会滥用自己的职权来拼命压制对方。这对教练、运动员来说,都是不幸的。我认为,只有真正有能力的人,才希望掌握将"不满"转化为"提议"的技能。

要点 通过提问,将"不满"变成"提议"。

技巧 10 问问自己，关于对方的话题

前几天我和一个管理顾问谈话时，他提到了一个这样的话题。

"当社长的人，总认为自己是对的吧！"

他之所以这样说，是因为他有一个社长顾客，总是独断专行，用命令的语气和职员说话，业绩不好就冲着员工大喊大叫，导致员工士气萎靡不振，公司的销售额没有丝毫增长。不仅如此，每个月都会出现离职者，公司几乎处于濒死状态。

所以，他对社长说："您在下达指令时，要多考虑一下职员的心情啊！"社长却这样答复："关我什么事，是他们不够努力！"

通常情况下，人们只会站在"自己的角度"看问题。当然这位社长也不例外，站在"对方的角度"上看问题真的是不容易的。但如果你站在"对方的角度"上，很可能会采取不同的沟通方式，正因为是这样考虑的，管理顾问才建议社长"多考虑一下职员的心情"。

实际上，人很难转变自己看问题的角度，当社长听到管理顾问给出这个建议时，很可能会心想："你凭什么这么说我！"反而招致内心的不满。

那么，如何能让人站在"对方的角度"看问题呢？方法只有一个，就是不断地提问关于对方的问题。只有在不断回答这些问题的过程中，人们才有可能通过对方的视角看问题。

第一章　与对方一起不断"发现自己"

站在员工的角度回答以下问题吧

1. 对他来说,最重要的东西是什么?

2. 至今为止,他最骄傲的是哪件事?

3. 对他来说,人生中最大的乐趣是什么?

4. 他认为自己是什么性格的人?

5. 当他还是个孩子的时候,最擅长什么?

6. 为了提高工作热情,他会做什么?

7. 他有担心的私事吗?

8. 他平时是如何和家人相处的?

9. 他对自己的工作状态满意吗?

10. 早上他是带着怎样的心情来上班的?

11. 拜访客户时,他在考虑什么?

12. 他对职场的人际关系满意吗?

"'快点提高销售业绩！'当员工被你怒吼过后，会带着怎样的心情去拜访约定好的客户呢？"

"如果他正在家和孩子们玩耍，被你骂了后，会露出什么样的表情呢？"

"你觉得他小时候的梦想是什么？"

只有在寻找这些答案的时候，人们才会客观地审视自己对他人的所作所为，才有可能采取新的行动。如果你现在和某人关系紧张，多问问自己关于对方的问题吧，一直到能够找到答案为止。

要点 想站在"对方的角度"思考问题，就必须不断地向自己提问关于对方的话题。

第一章　与对方一起不断"发现自己"

技巧 11　尝试向自己提问"终极问题"

有句谚语你一定不陌生："火场中的愚蠢力量"，它用来形容人在危急时刻爆发出来的惊人力量。

我们的生活中常常有类似的事情发生，比如，当你的截止交稿日期还有一周时，却怎么也想不出好的故事情节。但如果截稿日期还剩最后一个小时，完成不了你的连载就会被停，陷入这样的困境时，灵感突然就来了。

这里所提到的"终极问题"，就是人为想象出这种"紧要关头"的状态，并在这样的场景中寻找问题的答案。

比如，朋友们经常会开玩笑说："如果你的生命只剩下最后24小时，你会做什么？"这就是一个"终极问题"。

"终极问题"的公式基本上是这样的。

"如果还剩？小时（只要是能让对方感觉到的"极限时间"即可），不解决这个问题（如果你不达成目标），你就会失去生命中极为重要的东西，那么你将会怎样做？"

例如，你的同事正因为销售业绩停滞不前而苦恼，可以这样启发他："如果今天你没有订单，工资就会减半，那你会先做什么？"

当被问到一个"终极问题"时，人们即使想不出准确的答案，也会有一种"被开拓了视野的感觉"。

例如，询问下面这样一个"终极问题"

面对不守时的员工

在你去签订重要合同的途中，突然电车因故障暂停了。如果迟到一分钟，合同就会被撕毁，你就会被解雇，在这种情况下，你将会怎么做？

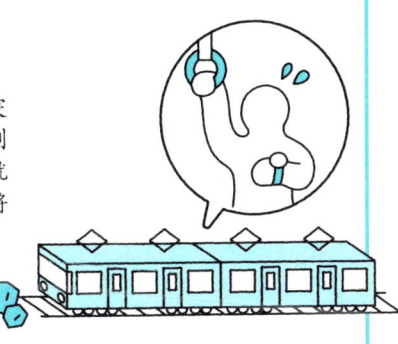

面对不想学习的学生

六个月后的升学考试，因为某些原因提前到一个月后举行，你首先要做什么？（在不允许变更志愿学校的前提下）

面对经常减肥失败的人

你现在的体重是70公斤，如果不能在一个月内把体重降到65公斤，就会生重病，你该怎样做？

先从自己试试看。面对现在的自己，你能提出的终极问题是什么？不要只问一个问题，要尝试问自己更多的问题。

如果你认真找寻这些问题的答案，将会有怎样的变化呢？

当然，如果你有了一个可行的想法，会马上付诸行动。

如果你已经掌握了制作"终极问题"的诀窍，再面对身边陷入困境的人时，请一定要用"终极问题"帮帮他。

> **要点** 利用终极问题向自己或对方提问，开拓视野，寻找新途径。

技巧 12　利用"上堆法",提取抽象概念

企业教练技术的基本公式是:

期望的状态(目标)＝现在的状态＋行动。

首先问问对方"你想要达到的状态"是什么。

一开始你可能会得到一个模糊的答案,那么,请利用我们介绍过的"下切法",找到具体的答案。对方对未来描述得越具体,他的动力就越大,他就越有可能实现梦想。

接下来,我们将询问"当前状态"。同样,我们还是可以利用"下切法",了解对方现在的具体情况。

最后,再利用"下切法",掌握具体的行动。

通过提问何时、何地、与谁、做了什么、如何做的,来详细了解行动过程。在描述这三个部分中,我们充分发挥了"分解信息"的作用。

如果再加入"上堆法",企业教练技术会变得更加强大。

与"下切法"相反,抽象概括相关信息的方法被称作"上堆法"。

"上堆法"与"下切法"不同,"上堆法"是将部分汇聚成整体,将具体概括成抽象的过程。

"上堆法"主要应用于两个领域。一是"你想要的状态"领域,另一个是"行动"领域。

在对方详细描述过自己想要的状态后,再建议对方用一句话总结一下吧!

第一章　与对方一起不断"发现自己"

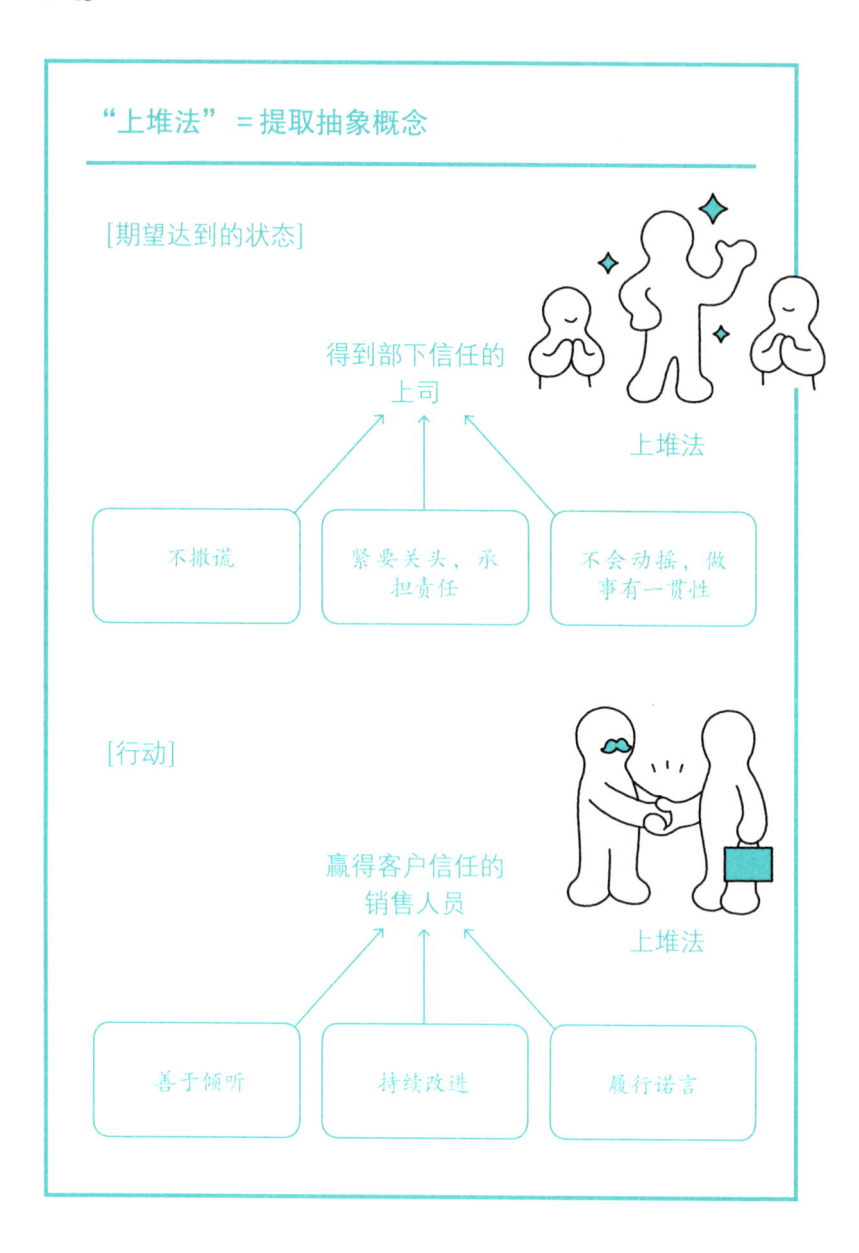

"上堆法"＝提取抽象概念

[期望达到的状态]

得到部下信任的上司

上堆法

不撒谎　　紧要关头，承担责任　　不会动摇，做事有一贯性

[行动]

赢得客户信任的销售人员

上堆法

善于倾听　　持续改进　　履行诺言

36

"用一句话描述一下,你想要达到什么样的状态呢?

当对方已经详细描述了自己准备采取的行动后,再问问他:"你已经决定了做这三件事,你可不可以用一句话来激励自己,完成你想做的事情?"

为了让对方怀揣"梦想",持续"行动",请试着帮助他用自己的语言概括未来吧。

> **要点** 请试着用一句话概括"你期望达到的状态"和"应该采取的行动"。

技巧 13

给"相遇时的一句话"
注入"新意"

技巧 14

有意识地磨炼沟
通中的附和技巧

第二章

技巧 17

看清对方的类型

技巧 18

准确了解"四种
类型的人"

技巧 15
像鹦鹉学舌一样，重复对方的话

技巧 16
坦率地向对方表达自己的感受

构筑与顾客的信赖关系

技巧 19
擅于发挥对方的强项

技巧 20
站在"我"的角度给予对方肯定的褒奖

技巧 21
倾听客户需求

技巧 13　给"相遇时的一句话"注入"新意"

想象一下这样的场景：你走在公司的长廊上，同事迎面走来，通常情况下你会怎样打招呼？可能是"你好""早上好"这样的寒暄。也许是"你这是要去哪儿？""最近怎样？"这样的询问。更有可能是"你的领带很时髦呀！""你的脸色看起来不太好呢。"这样体贴入微的关怀。

再考虑一下，你是站在什么样的角度上说这些话的呢？

是想让对方开心？还是想要引起对方的注意？抑或是想把对方推开？

一个专业的教练会在客户打来电话时，调节好音调音量，以最好的状态回复一声："您好！我一直在等您的来电呢。"

这样简单的一句话，就可以让访客放下戒备，与对方拉近心理距离，在轻松愉悦的氛围下开始你们的交流，甚至给对方一种暗示：今天的课程也是精彩纷呈的，你一定不虚此行。

此外，一个好教练擅长在日常生活中，通过一句简单的问候语，构筑与周围人的信赖关系。他会用温柔的眼神注视着对方，"您做头发了呢"，客户外貌上的变化不会逃过他的眼睛。

"听说上周，你得到一份新工作"，他能准确地说出客户的成就。

"听说昨天巨人队赢了"，他可以清楚地记得客户的喜好。

从"平时的一句话"的积累中,构筑信赖关系

注意到对方的变化

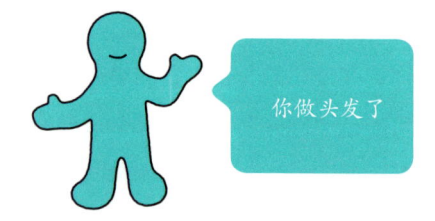

你做头发了

关注对方的行动

听说上周,你得到一份新工作

记住对方的兴趣

听说昨天巨人队赢了

当然，对家人也是如此，正因为是一家人，见面时更应该用轻松愉快的话语，给家人一个美好的体验。"欢迎回来""早上好""你好"这样的问候语，即使你已经和同一个人说了上百遍，上千遍，也请你怀揣"不一样"的心情再说一遍吧。

教练这份工作，并不是等你静下心来和对方面对面，一边说着"好吧，让我们开始建立关系吧"，一边做好万全准备开始的工作。因为肩负着"最大程度发挥人的潜能"这样重大使命，所以必须明白：在和职场客户或家里人见面后，才着手建立关系，开始教练工作，为时过晚。

作为教练，如何能通过"相遇时的一句话"，和周围的人建立良好积极的关系，是衡量其职业生涯成功与否的一项重要指标。

要点　企业教练技术是从构筑与对方的信赖关系开始的。从日常的一句话开始，构筑你们之间的关系吧！

第二章　构筑与顾客的信赖关系

技巧 14　有意识地磨炼沟通中的附和技巧

再给大家分享一个我在接受某杂志社的电话采访中所经历的故事。

电话中，那位女记者接二连三地提出了十分尖锐的问题。如果单就问题本身而言，是富含创意、让人有回答欲望的好问题。但是，她在交流中极不擅长附和。对于我说的话，她只会用"啊"或"嗯"应答，说话语调与其说是给人一种"请再给我讲讲吧"的期待感，倒不如说给人一种"你先说说看吧"的催促感。

沟通中附和的时机也很重要，不能早也不能晚，要恰到好处。当我正感叹："啊，真是个有趣的问题"，准备意气风发地回答时，对方一个"啊"，瞬间就使人丧失了回答的欲望，甚至连电话都想挂断。难得的好的问答过程也就这样泡汤了。

在电话采访前，我曾见过这位女记者，她绝对不是个"令人讨厌的人"。但她附和的方式，着实是"令人讨厌的"，这些话都是她无意间说出来的，她本人恐怕做梦都想不到，自己的附和方式会让别人不愿意和她沟通吧！

你平时注意留心附和的技巧了吗？

1.附和时的音调

2.声音的大小

你想和谁说话

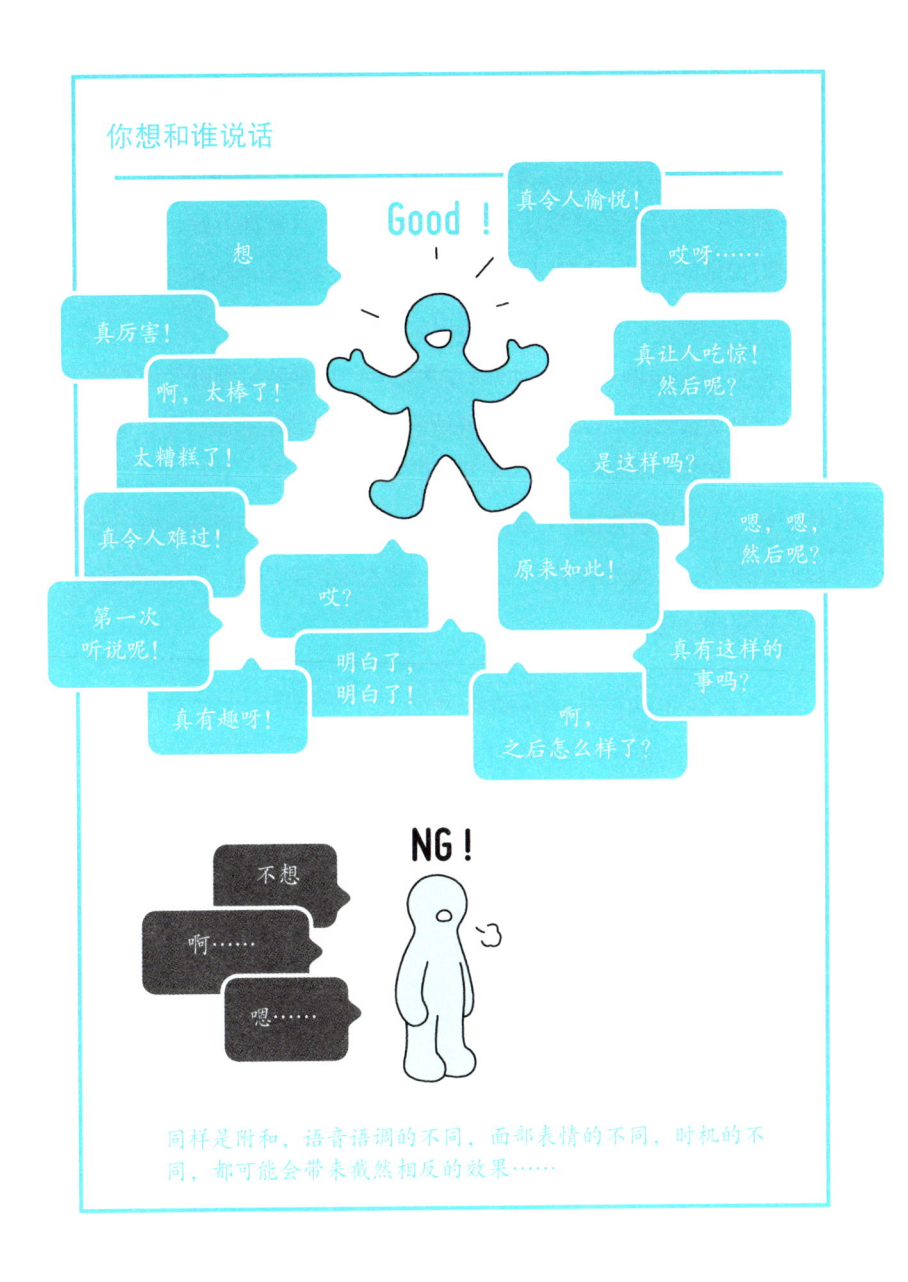

Good！

- 想
- 真令人愉悦！
- 哎呀……
- 真厉害！
- 啊，太棒了！
- 真让人吃惊！然后呢？
- 太糟糕了！
- 是这样吗？
- 真令人难过！
- 哎？
- 原来如此！
- 嗯，嗯，然后呢？
- 第一次听说呢！
- 明白了，明白了！
- 真有这样的事吗？
- 真有趣呀！
- 啊，之后怎么样了？

NG！

- 不想
- 啊……
- 嗯……

同样是附和，语音语调的不同、面部表情的不同、时机的不同，都可能会带来截然相反的效果……

3.面部表情

4.说话的时机

5.语言的选择（是用"嗯嗯""是是""嘿嘿"等等）

随声附和，本意是想让人多说几句，但一旦掌握不好，反而会减弱对方说话的欲望。和刚才的记者相反，朋友A女士的附和方式就十分巧妙。和她聊天，总会让人觉得可以一直聊下去。

她声音的语调、大小、间隔，无论哪一项都是恰到好处。和她说话，我甚至会觉得，提高对方的说话欲，只要随声附和就够了。通常情况下，附和几乎都是在说话人无意识间进行的。所以，我们首先要客观地了解一下，自己在谈话中的附和方式。可以自己听听谈话录音，也可以问问别人："我的附和方式，能够让您有说话欲望吗？"我想你会有一个惊喜的发现。

要点 通过留意音调、音量、说话的时机、面部表情等，来磨炼附和技巧。

技巧 15　像鹦鹉学舌一样，重复对方的话

再给大家分享一个我的男同事孙君的故事。

他6岁的女儿感冒加重，不得不住院治疗。这是孩子有生以来第一次一个人过夜。

女儿哭着说："我不想住院，我想回家。"

孙君拼命试图说服哭得厉害的女儿。

"我们就住一个晚上哟。""乖，一点都不可怕。"

刚开始孙君还很温柔，努力试图安慰女儿，最终他在女儿的哭泣中失去了耐心，"你要听话！""不要哭了，忍一天就能回家了！"

他开始冲着女儿大喊大叫，结果可想而知，女儿不但没有被说服，反而哭得更厉害了。

一时间孙君不知怎么办才好，突然间他灵光一闪，决定先只重复女儿的话看看。

"我讨厌住院。"

"讨厌住院呢。"

"我想回家。"

"想回家呢。"

就这样重复了2分钟，突然女儿轻轻地说：

"爸爸，我要住院了。"

第二章　构筑与顾客的信赖关系

像鹦鹉学舌一样，重复对方的话，会让对方产生安全感

讨厌！

真讨厌呢

我想回家

想回家呢

好寂寞呀

很寂寞呢

指导的基本理念是"让对方在有足够安全感的环境中，最大限度地发挥自己的潜能"。指导并不是用糖引诱对方，或是用鞭子鞭打对方，而是培植让双方都能感受到的安全感，让对方的行动就像种子一样，在充满安全感的土壤中生根发芽。

能让对方感受到安全感的一个十分有效的方法，就是"重复对方的话"。即使是只重复句尾，或是只用"是啊"这样的句子来替换。

"重复同样的话"并不意味着赞成对方的观点，而是表示理解对方现在的处境。

相反，如果你长时间不重复对方的话，就会让他有一种不被了解的感觉，他会一边考虑着"我现在的处境正常吗？"一边产生莫名的焦躁不安感。

当对方越是不能准确地表达自己的想法时，就越容易莫名地心烦、发脾气。就权当是没太听清，在表达自己的想法前，先重复一下对方的话吧。

当你的下属抱怨："最近有点累啊！"请先理解对方的处境："是啊，最近挺累的"，然后再表达"再坚持一下"的想法，一点也不会晚。

要点　　**重复对方的话，会让对方产生安全感。**

技巧 16　坦率地向对方表达自己的感受

《辩无不胜》的作者是一名叫盖瑞·斯宾塞（Gerry Spence）的美国律师。

在出版这本书之前，盖瑞·斯宾塞已经为数百名客户做过辩护，没有一次败诉业绩，而且这是在被称为"审判王国"的美国。

虽然被称为拥有不败传奇的辩护律师，但他本人却说自己并不是一个擅长雄辩的人。

"这位屡战屡胜的律师，到底会说些什么呢？"当陪审团成员用好奇的眼光注视着他时，他总是坦诚地告诉大家："我现在其实心里非常忐忑，恨不得从这里逃走。"

我认为这就是他赢得信任的原因。

要想培养一个人，首先要得到对方的信任。这时候，最有效的方法就是向对方传达自己的心情。

上司最好把自己的心情不断地传达给部下。

"不能让下属看到我的弱点！"有些上司可能会这么想，但人只有在了解到对方的心情之后，才会解除防备。

前几天，我在给一家外资咨询公司的顾问们做指导时，注意到有这么一个情况。两个咨询师（S先生和T先生），都为同一个人（A先生）做过咨询。

你想和谁说话

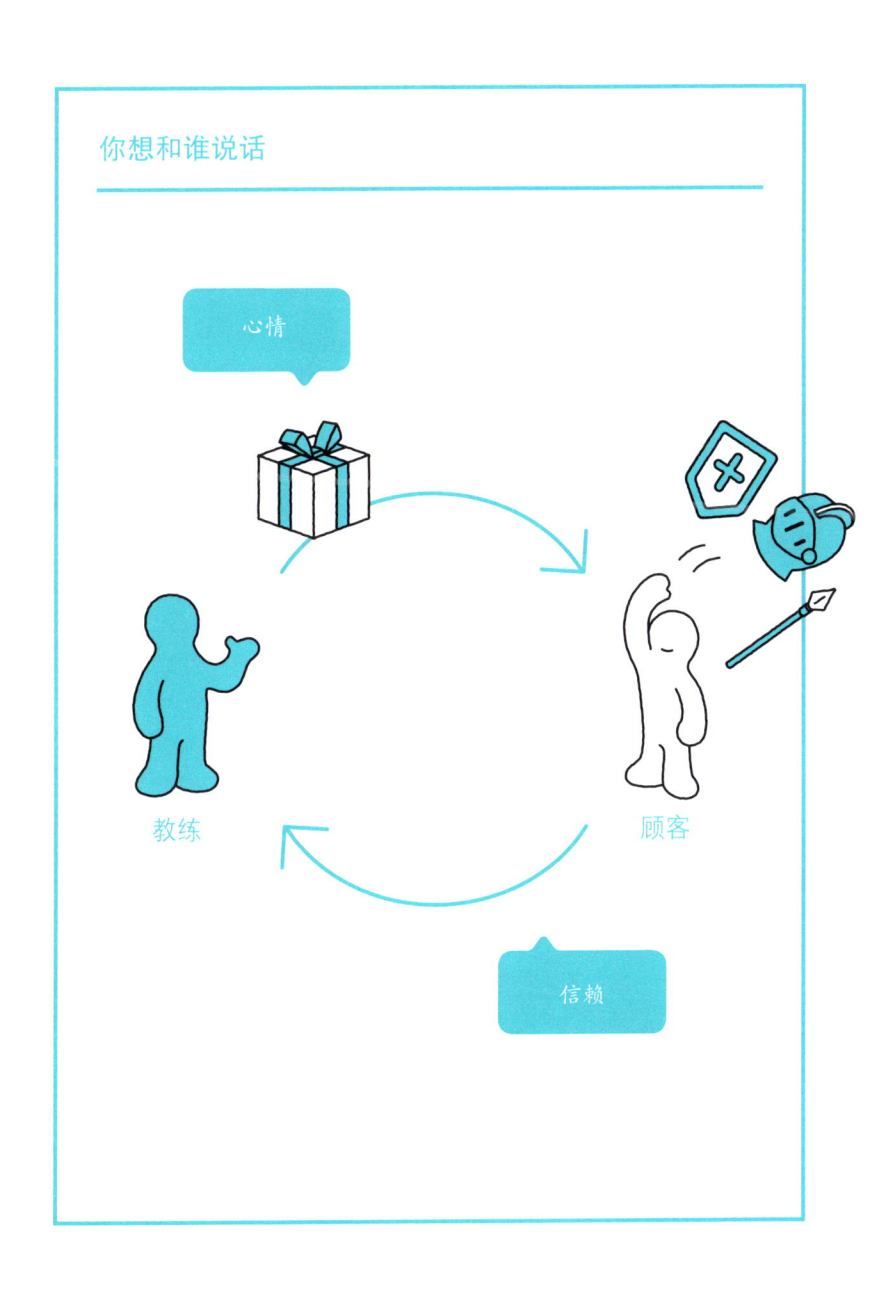

心情

教练

顾客

信赖

从问题的针对性上来看，S先生和T先生没有太大差别，但不知为何，A先生只对T先生的提问回答得比较详尽。

T先生和S先生最显著的不同，就是每次T先生想对A先生说些什么时，总会先把自己的想法表达出来：

"真好，我都会感到高兴。"

"有这种事吗？真让人吃惊。"

A先生甚至说："T先生很会让人谈话。"明明S先生和T先生提问的问题没有任何差别。

听别人说话时，请试着也关注一下自己的内心，如果你也有什么想法，请一定要转告对方。

我认为，听到你的想法后的对方，反而会比预想中更健谈。

> **要点**　认真倾听对方的话，并坦率地表达自己的感受。

技巧 17　看清对方的类型

　　处于学生时代也好，在职场也罢，你最不擅长应付的，是哪类人？抛开时间、地点不谈，你所不擅长应付的人，是否是同一类型？ 如果是的话，再想想，自己最不擅长应付的，究竟是什么？

　　人们只有在自发行动时，才会体验到工作的快乐。

　　回想一下，工作中最有干劲的人，往往是那些一边心中默念："来吧，干起来吧！"一边干着自己喜欢的事的人。

　　因此，你不擅长应对的人，往往是妨碍你主动选择行为的人。

　　比如，你是个细致入微的人，在做某项工作前习惯先细致观察，收集相关数据，孜孜不倦地积累，乐此不疲。但如果你的上司告诫你："不要介意这些小事，抓紧时间做完！"可能会给你带来极大的负担。

　　相反，如果你是习惯于先实践，然后再制定详细计划的人。正当你准备行动时，你被强制要求进行事前数据收集和分析，你也可能会失去工作的兴致吧！

　　如果你不擅长应对的人能给你带来强烈影响，你会感到巨大的压力。

　　换位思考一下，就像某些人是你不擅长应对的人一样，你也有可能是别人不擅长应对的类型。

　　你会不会在不知不觉中，阻碍对方的主动行动？

第二章　构筑与顾客的信赖关系

促发主动行动的因素，因人而异

希望被依赖的类型

> 如果您能放心交给我，我就能做好。

> 让我们开始吧！

喜欢新事物的类型

> 真不错！总之，让我们先试试看吧。

希望知道更多信息的类型

> 为什么？什么时候开始的？什么原因？

希望根据指示行动的类型

> 是的，明白了。

不同类型的人，反应不同。试着根据对方的不同，来改变督促对方主动行动的方法吧！

回想一下，生活中你有没有做过以下事情：不分青红皂白地去否定一个重视自己原创想法的人，或者要求一个明明更擅长协助他人的人去统领全局。

如果你现在与某人的关系紧张，那么请认真思考一下：这个人是什么类型的人？怎样做才能与对方有新的开始？怎样做才能让他自发行动起来？

要点　**在理解"每个人都是不同的"前提下，针对不同类型的人采取不同的交往方式。**

技巧 18 准确了解"四种类型的人"

在企业教练技术中，主要利用DISC性格分析法来指导人际交往。DISC性格分析法根据人的性格特质将人分为四类：指挥者、影响者、思考者和支持者。

1. 指挥者

行动型，喜欢按照自己的想法做事，最讨厌别人指挥。说话直截了当，不绕弯子，有时候也会让人觉得咄咄逼人。对于这种类型的人，在交往中应注意不要掌控主动权。说话时注意从结论开始，不要被对方的攻击性所迷惑。

2. 影响者

善于创新，重视原创，喜欢和人一起做有新意的事情，擅长表达，却不擅长倾听。影响者通常对自己的想法信心满满，因此在交往过程中，一定注意不要否定他们的想法。给他们一个自由的环境，让他们尽情发挥自己的独创性。

3. 思考者

行动前他们通常会收集大量信息，进行分析，制定严密的计划。他们擅长客观地看待事物，喜欢孜孜不倦地探索每一个小细节。和他们交往，重要的是不要要求对方有极大的改变，注意配合他们原有的步调。

如何充分发挥出对方的优点

① 指挥者

注意不要让自己掌控主动权

② 影响者

创造自由的环境

③ 思考者

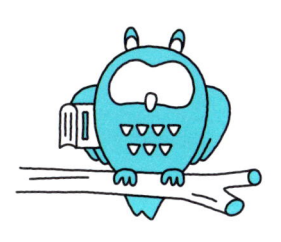

配合对方原有的步调

④ 支持者

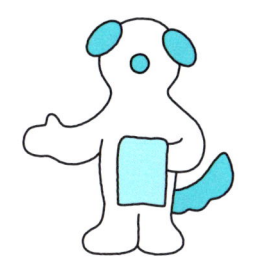

给予充分的评价

在与人交往的过程中，他们也很慎重，通常不外露感情。如果强迫他们表达自己的心情，反而会适得其反。

4．支持者

他们喜欢帮助别人，重视合作关系，对周围人的情绪变化很敏感，很会照顾人。因为特别渴望被认可，所以交往过程中不要忘记给予其充分的评价。另一方面，他们因为重视满足周围人的期待，有时也会忘记自己的初衷。不时提醒他们不要忘记自己的初衷，会增强他们对你的信任感。

划分不同类型，并不是为了给人提供一个"对这种类型的人，这样交往就行了"的指导手册，而是希望大家好好思考一下，自己是什么类型的人，如何与各种类型的人相处？能不能最大限度地发挥出彼此的优点？

> **要点** 了解自己和对方的类型，就更有可能充分发挥出彼此的优点。

技巧 19　擅于发挥对方的强项

体育界有句名言:"传奇选手无法成为传奇教练。"

其中一个重要的理由是:传奇选手更容易要求后进选手继承自己的做法。而与此相反,那些现役时成绩不太好的教练,反而不会拘泥于自己过往的成功经验,而会努力探索适合每个选手成长的培养方法。

在商界,上司也容易强迫下属采用自己曾经取得成功的方式。

前几天,我在给一家外资寿险公司的销售主管做培训时,探讨过这样一个案例:如何才能让销售额一直没有增长的Y先生,提升销售业绩。

销售主管认为:"销售业绩最终还是要看销售人员怎样把自己的热情传达给顾客。那家伙在这方面太弱了,不能克服自己的局限,没法向顾客传递热情。"

"热火朝天"似的工作热情是销售主管的秘诀。但这不一定是Y先生所追求的销售员的工作方式。

从性格类型上看,主管是影响者类型,Y先生应该是思考者类型。思考者类型的人分析能力很强,擅长有逻辑性的对话,但并不擅长用情感去感染对方。

如果大声斥责思考者Y先生,"卖保险是需要与顾客进行情感交

第二章　构筑与顾客的信赖关系

不要把自己的想法强加于人

英国绅士

我们不能像别人一样地活着

热情的意大利人

了解对方的类型和个性，并帮助他们充分发挥出各自的优势。

流的！"就如同是要求英国绅士像意大利人一样热情奔放，几乎是不可能的。Y先生应该更希望发挥自己分析方面的特长，从而成为一名成功的销售人员吧！

性格分类为我们提供了一个了解对方优势的便利条件，在此基础上，我们可以更好地寻找切入点，来帮助对方充分发挥出自己的特长。

回过头来再看我们前面所讲的"四种类型"的人格，请确认一下你有没有做过类似事情，苦口婆心地劝说英国绅士做浪漫的意大利人。

还是应该让英国绅士就像英国绅士那样，意大利人就像意大利人那样，发挥各自的优势提高业绩，作为教练，你可以分别给予他们什么样的指导呢？仔细考虑一下吧。

| 要点 | 指导不是强迫对方采取自己的方式，而是在个别指导中发现对方的优势，并帮助其加以强化。|

第二章　构筑与顾客的信赖关系

> **技巧 20**　站在"我"的角度给予对方肯定的褒奖

回想一下，迄今为止，哪些褒奖的话语还停留在你的脑海中？是来自父母的、丈夫的、妻子的或者孩子的，抑或是来自老师的、朋友的、上司的？

再想想，在你受到的诸多表扬中，究竟是哪句话印象最深刻，为什么这句话能够在你的脑海中长久地保留下来。

在企业教练技术中，表扬或认可对方被称为"给予肯定"(acknowledgement)。在肯定的过程中，根据表扬者所站的立场不同，可以分为两大类。

一种是站在"你"的立场上承认对方。

"干得好！""看，只要做，你就能做到。""你真棒！"

这种表扬方式其实是在告诉对方"你就是这样的"。当然，被表扬者绝不会不喜欢得到这样的肯定。但是，这样的认可，很有可能被认为是对他们的评价。

如果被表扬者尊敬你，同时也觉得自己值得被评价，那就另当别论了。如果不是，这种类型的认可将很难获得较好的效果。

试想一下，当你得到这样的认可时，有时是不是也有想脱口而出"并不是那样的"的话。

第二种类型，是表扬者表达对方给自己带来了怎样的影响。也就如果大谷翔平选手得到这样的赞美……

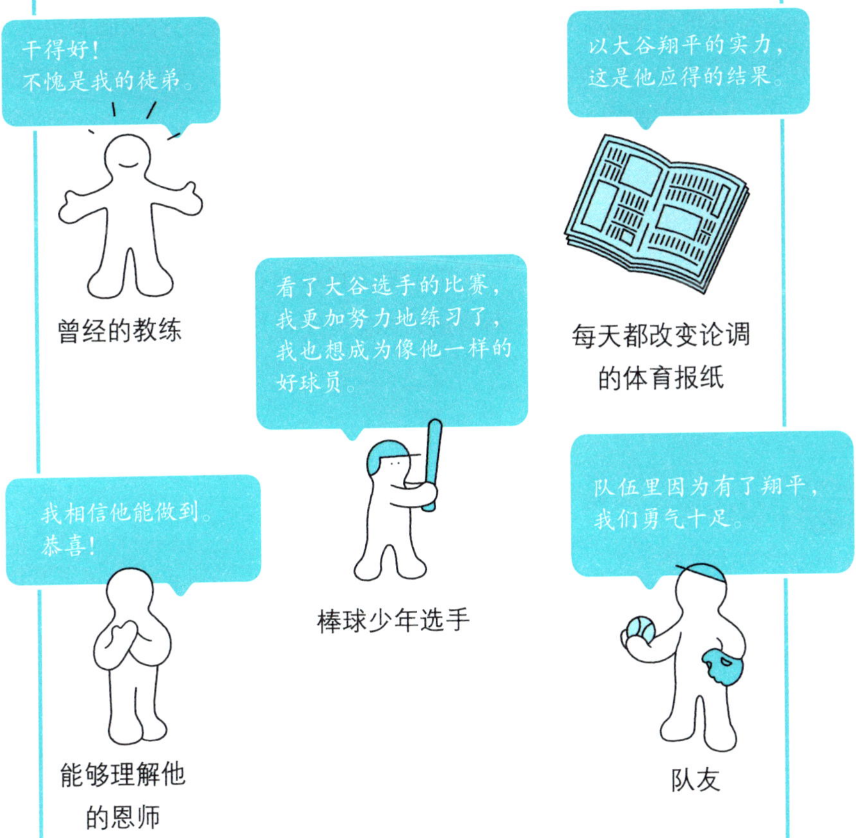

干得好！
不愧是我的徒弟。

曾经的教练

以大谷翔平的实力，
这是他应得的结果。

每天都改变论调
的体育报纸

看了大谷选手的比赛，
我更加努力地练习了，
我也想成为像他一样的
好球员。

棒球少年选手

我相信他能做到。
恭喜！

能够理解他
的恩师

队伍里因为有了翔平，
我们勇气十足。

队友

每句话都是"表扬的话"，但它们的接受程度一样吗？
你可以看到，事实并非如此。

63

是说，不是站在"你"的立场上，而是站在"我"的立场上。

"看到你这么努力，我也干劲十足呢！"

"你今天的方案，让我十分放心呢!"

这种类型的肯定会直击对方的心灵深处。说话者已经明确表达了自己的感受，听话者就不可能再否定了。换句话说，当听到你这么说时，我会很高兴。

回想一下，留在你脑海里的夸奖，也大多属于这种类型吧？

"我相信你哟！""就交给你了。"类似这样的肯定也是第二种类型。如果你想站在"你"的立场上肯定一个人，马上停下来，把立场变成"我"吧，换一种立场，你会发现对方的反应会有惊人的不同。

> **要点**　不是评价对方，而是把对方给自己的感受转换为赞美的话语。

技巧 21 倾听客户需求

一次，我与刚参加教练培训项目不久的S先生聊天时，发生了这样一件事。因为S先生已经有4个客户了，我想，何不问问他的感受如何？"客户指导做得怎么样了？"没想到S先生稍微露出了紧张的神色，这样回答：

"作为教练，我是负有责任的，所以一定会努力让大家都取得成果。"

正因为他如此认真的回答，反而让我有点担心，"4个人都必须这么快取得成果吗？"我反问道。他一脸茫然地说：

"啊？当然了，这是教练员的职责嘛。"

新手教练易犯的错误之一就是要求所有的客户都接受同样的指导方式。不难想象，S先生为了尽快取得成果，会要求4名客户都接受同样的指导方式。

当然，正如S先生所说，企业教练技术的主要作用就是帮助客户实现他们的目标。

但是，为了帮助客户达成目标，我们需要采用什么样的指导方式呢？因为每位客户都是不一样的，他们目前的状态也不同，我们采取的指导方式也应该因人而异。

有些顾客也许只需要鼓励，有些顾客希望你能帮他们指出问题的

询问对方的愿望

今天想要什么?

痛点，有些顾客也许只希望你能开个玩笑，活跃一下气氛……

随着经验的积累，老教练更容易察觉到客户的需求，但是感到困惑的时候还是很多的。因此，倾听客户的需求非常重要。

"今天我们做什么样的辅导好呢？"

下定决心问问你的客户吧！

在职场中，如果不知道对方想要什么样的帮助，那就干脆问问吧！

与其因为你的自以为是而让对方痛苦，不如一直倾听对方的需求，一直解决对方的需求，这才是为了"他"吧。

| 要点 | 如果你不知道对方想要什么，那就直接问问看吧！ |

技巧 22
不厌其烦地谈论目标

技巧 23
"不想要"给对方30分钟诉说讨厌的事

技巧 24
改变提问的视角，让对方发现梦想

第三章

技巧 27
回顾过去，是为了找寻通向未来的素材

技巧 28
先想象出行动的结果

技巧 26

关注充满魅力的未来

技巧 25

找到有价值的行动

关注目标达成

技巧 29

让求助者谈论30分钟自己讨厌的人

对象

技巧 30

满分是10分,你可以给现在的自己打几分?

技巧 31

制作自己的能力核对清单

技巧 22 不厌其烦地谈论目标

每次我问公司的管理人员:"你认为和部下进行怎样的交流比较好?"压倒性的回答是:"达成目标的交流。"

前几天,一家金融公司的分行经理也问了我同样的问题。

经理:"怎样做才能让下属'认真地完成目标'?"

我:"平时你在确定目标时,会和下属说什么?"

经理:"给下属要完成的目标数字,如果下属面露难色,摆出一副'太难了,这个目标完成不了'的样子,我就会鼓励他'加油,不试试看你怎么知道自己做不到?'"

我:"如果下属没有实现这个目标,你会怎么做?"

经理:"我会追问他,你真在认真做事吗?"

这样的交流方式,只会让双方都陷入痛苦中。

曾经所有日本人都相信未来会越来越好,只要努力就一定有办法。在那个时期,以上的交流方式没有问题。无论是在家里还是在学校,人人都说着"加油","加油"简直是一个充满魔力的词汇。

然而,时过境迁。现在我们所处的时代,已经不是那个只要你努力,就一定能成功的时代了。

现在,很多年轻人会问:"达成了目标,会怎样?"

因此,我们有必要把达成目标后给员工带来的"好处"也包含在

从"鼓励"到"谈论关于目标的话题"

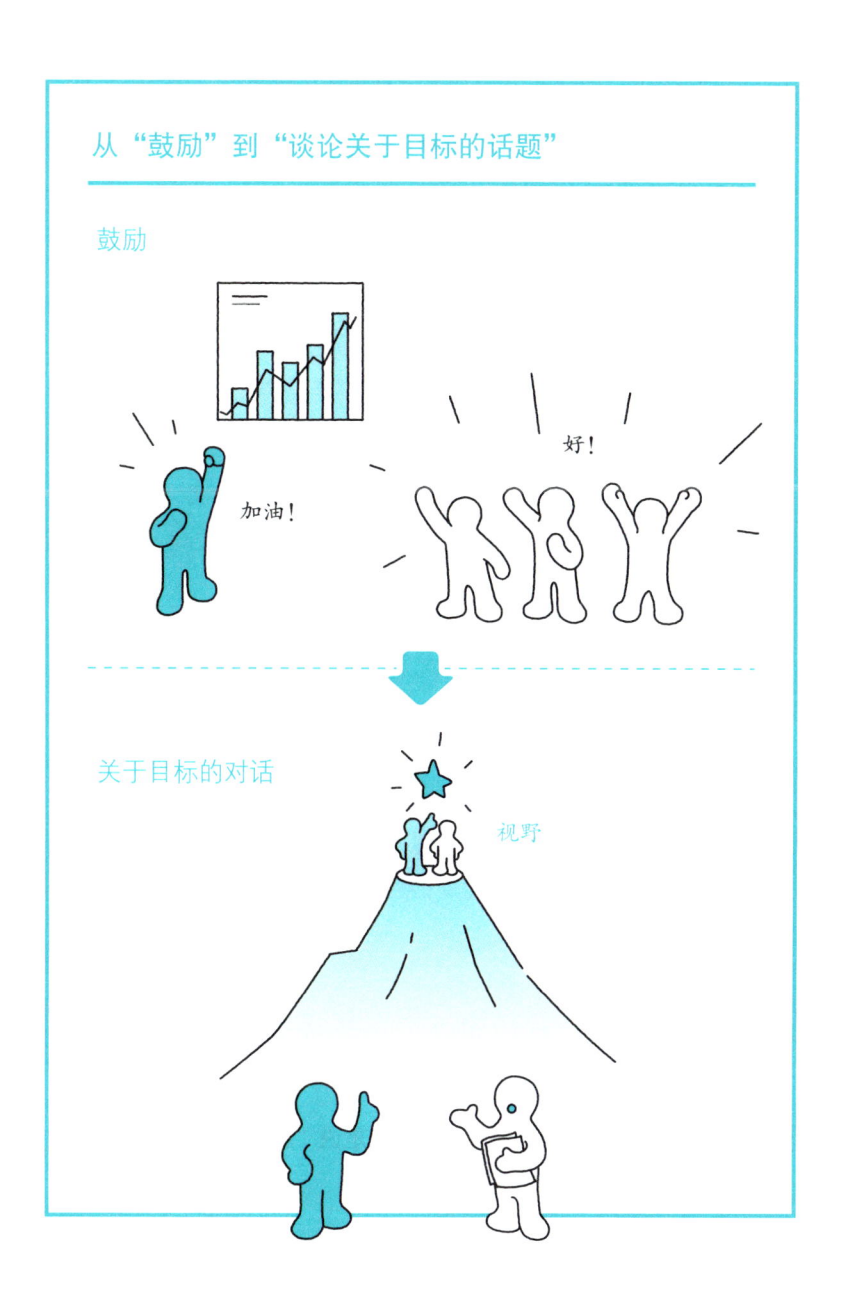

鼓励

加油！

好！

关于目标的对话

视野

内，不厌其烦地一遍遍和员工们说清楚我们的目标。

只有这样，员工才会把注意力集中在目标上，想着"试试看吧"。

"达成目标的瞬间，你能想象得出来吗？"

"如果完成了这个目标，接下来还将有什么目标？"

"在朝着目标前进的过程中，你掌握了哪些东西？"

"你认为哪些事情可能成为障碍？"

如果你承担着上司的角色，那么请尽可能多地创作出有关目标的问题吧。和员工尽可能多地讨论有关目标的问题，你会发现，这绝不是浪费时间。

要点　为了达成目标，不能只是说"加油"，而是多提问关于目标的问题。

技巧 23　"不想要"给对方30分钟诉说讨厌的事

企业教练技术的妙趣就在于和对方一起探索"想要"。

试想一下，面对一个被"必须"束缚住的人，如果他能够以你的提问"想想你想要做的事"为契机，将目光转向自己内心深处的"想要"，并突然灵光一现："啊，我想做这个。"当听到对方这样的回答时，你心中一定暗暗会窃喜吧！

然而实际上，发现"想要"的旅程并不是那么简单的。

在日本，从小学开始，人们基本上都习惯于被人提出问题，然后解决问题。与"正确地解决问题"相比，"表达自己的想法"就没有那么重要了。小朋友不会经常在学校里被问到"你有什么意见？""你想做什么？""你是怎么想的？"

进入公司后也基本一样。我们的工作是"如何解决已经给出的问题"。"提出自己想做的事，并实现它"的机会并不是那么多。但是，现在很多企业都要求员工有挑战意识，寻求与之前不同的、有独创性的行动。

在多数情况下，创新是从"想要实现这件事"的"想要"开始的。因此，与以往不同，现在的企业更希望员工关注自己内心的"想要"。但是，如前所述，在我们过往的成长经历中，很少有人问过我们"想要"，即使突然被问到"你想做什么？"我想大部分人的头脑

如果找不到"想做的事"……

如果找不到
"想做的事"
"want"

你想做什么?

很少有机会被问到"想做什么",所以很难发现答案。

彻底说出你不喜欢
"not want"的事情吧!

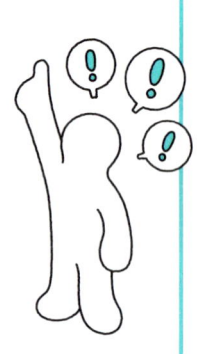

"你不想做什么?"

"你讨厌什么?"

"你不想要什么?"

把讨厌的事、不想做的事彻底说出来,想做的事就浮现出来了。

中也会是一片空白吧。

　　这时，你需要问的问题应该是"你不想做什么？""你讨厌什么？""你不想要什么？"换言之，就是"不想要"。

　　人们普遍对讨厌的事情十分敏感。所以，让他们尽情地说出自己讨厌的事吧。如果是我，最讨厌的是堵车，还有空闲时间，还有就是受人指使。

　　你最讨厌什么？让对方尽情地说30分钟自己讨厌的事，会使对方莫名地感到充满能量。然后带着这种能量进入"想要"的话题，听听对方"想要"的是什么。人的大脑通过对比，会更容易看清事物的倾向。先自己尝试一下吧，当你说了一大堆的"不想要"之后，"想要"的就出来了。成功的话，请一定邀请周围的人也尝试一下。

| 要点 | 把讨厌的事、不想做的事，彻底说出来，想做的事就浮现出来了。 |

技巧 24 改变提问的视角,让对方发现梦想

企业教练技术最大的前提是"所有的答案,都可以在与人一起探索中找到"。当然,教练员也明白,这不单单是只靠指导方法就可以实现的,但在探索的过程中,也可以帮助对方发现梦想。

教练相信,无论在现实生活中跌倒过多少次,人们都能注意到梦想,都渴望实现梦想。但在通常情况下,人们内心的梦想上常常覆盖着许多薄纱和雾霭,以至于很难看清它。渐渐地,人们会觉得自己没有梦想。

教练的作用就是帮助人们穿过薄纱和雾霭,找到心中的梦想,实现心中的梦想!"改变视角"是教练打开梦想之路的方法。

例如,一件物品,如果你从上面看不见它,可以横向移动它,或者向下旋转它看看,或者通过远观,可以更清晰地看到全貌。

当然,为了帮助求助者移动视角,教练需要提出有创造性的问题。

"如果你可以自由地做任何事情,你想做什么?"

"如果你还没有失去小时候的好奇心,你会追求什么样的梦想?"

"你认为10年后的你,会希望现在的你追求什么样的梦想呢?"

通过这样的提问,改变求助者的视角,使他们可以窥探到之前无

教练的职责就是帮助你触摸到梦想，实现梦想

拉开窗帘
那里有一条通往
"梦想"的宽阔道路

法捕捉到的梦想，让他们把梦想的碎片重新捡起。接下来，为了能让求助者清楚地看到梦想的全貌，需要让求助者多描述一些关于梦想的事情。

为了不断加深求助者对梦想的看法，使其从中发现更多的可能性，并让求助者发自内心地认可梦想，渴望实现梦想，需要教练员带着发自内心的关心，不断地提问，也需要求助者不断地回答。就这样，梦想会变成一幅巨大的画作，它再也不会沉入求助者的意识深处，不见踪影了。

现在，站在你面前的那个人，一定心怀梦想！

> **要点** 通过提问，让求助者意识到自己的梦想。让他们谈论更多关于梦想的事情。

技巧 25　找到有价值的行动

首先，请看下面的单词列表。

当你采取什么行动或处于什么状态时，感觉自己最有活力，最充满干劲？

虽然有相似词语，但最符合你的词是哪些？

请从中选择三个最佳答案。

- □探索　　□冒险　　□优雅　　□闪耀
- □接触　　□在一起　□影响　　□鼓励
- □钻研　　□卓越　　□奉献　　□支持
- □创造　　□想办法　□玩　　　□指导
- □说明　　□胜利　　□达成　　□发觉
- □观察　　□洞察　　□控制　　□说服
- □连接

人们往往会在无意识间选择"有价值的行为或是状态"。

为了实现目标而采取的行动尽可能是"求助者认为有价值的行动"，换言之，最理想的就是让求助者自然而然地开始行动，并乐在其中，因为只有这样，求助者才可以毫不费力地坚持下去。

换言之，如果你选择不符合自己价值观的行为来实现你的目标，你很难坚持下去。

第三章 关注目标达成

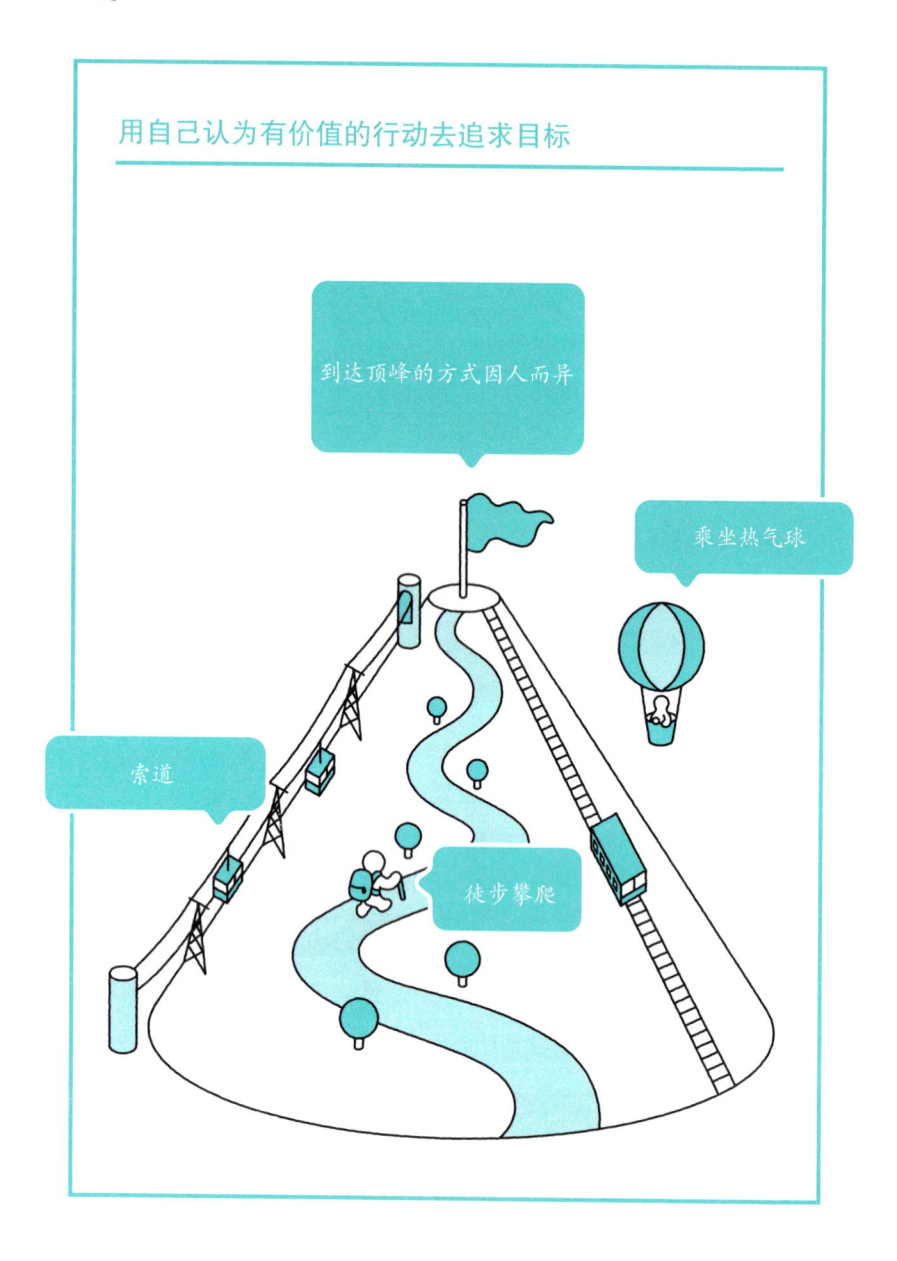

用自己认为有价值的行动去追求目标

到达顶峰的方式因人而异

乘坐热气球

索道

徒步攀爬

顺便说一句，我认为有价值的行为是"冒险"和"想办法"。当我清楚地认识到这一点时，我的工作乐趣比以前增长了100倍。 当然，之前我也会沿袭别人的做法，但现在，几乎不会这样做了。

这是因为，虽然有时前人的做法更有效，但如果只继承前人的做法，我就很难再感受到"冒险"和"想办法"的乐趣，心情也会萎靡不振。 因此，我总是注意，在我的目标行动中，一定要有"冒险"和"想办法"这两个元素。

因此，请一定要关注指导对象的价值所在。

你可以像之前我们提到的那样，列一个表，来关注求助者的价值点。相信这样之后，大声质问对方"为什么做不到" 的场景就会越来越少了。

> **要点**
>
> 符合价值的行动，可以使求助者自然而然地、不必勉强地坚持下去。
> 符合价值的行动，可以使求助者愉快地达成目标。

第三章　关注目标达成

技巧 26　关注充满魅力的未来

再给大家分享一段我在国际教练联盟大会上的经历。会议期间，与会者可以选择参加各种各样的研讨课题，我选择了"创造魅力未来"这个题目。课上，老师重点讲解了教练员应该怎样做，才能在求助者心中的"银幕"上描绘出充满魅力的未来。之后，我们便三人一组，进行实操练习。

当时，我和小伙伴们一起在心中描绘出的未来景象，至今仍然历历在目。未来，我的办公室坐落在一栋能看见港口的高楼里。那里有洁白的墙壁和又大又厚的桌子，桌子旁边，有一片生机勃勃的绿色植物。墙上挂着一幅色调柔和的画，有可能是印象派作品。椅子是用优质皮革做成的，坐上去整个人就好像是被包裹起来一样，非常舒适。房间里还有轻敲笔记本电脑发出的声音。电话那头的客户正兴奋地诉说着已经取得的成果。太阳光柔和地照射进来。办公室外面能听到同事们热闹的谈话声……

这段场景就像是磁铁一般，在后来很长一段时间里，强力牵引着我走向未来。这幅场景常常在脑海中浮现，每次都能激发出我内心深处无限的能量。

然而，大部分管理人员都希望下属能尽快完成眼前的任务。对他们来说，与其在员工心中刻画充满魅力的未来景象，不如指出当前进

从强调不顺的现状,到强调充满魅力的未来

正在堆砖头!

从进程来看,浮现出的是"令人讨厌的感觉"。

你在干吗?

从行动的最终结果来看,浮现出的是"美好的感觉"。

正在建造城堡!

第三章　关注目标达成

展不顺利的地方，来得更直截了当。

就像面对一群根本无法想象山顶景色之美的人，却在不断地指挥他们："总之先爬上去！""你走路的姿势不对！""再挥动一下手臂！"

人们只有想到前方有雄伟的景色在等待时，才会主动迈出第一步。因此，请一定要问问你的员工，将来你想有什么成就？到那时，周围能看到什么景色？能听到什么声音？

请仔细地询问，直到在对方心中刻画出永不消失的强烈印象为止。即使花一个小时也好。今后，即使不需要催促，员工也会主动行动了。至少从我自身的经验来看，会是这样的。

| 要点 | 如果人们能有一个具体的、鲜明的、理想的未来景象，就能自己走向未来。|

| 技巧 27 | 回顾过去,是为了找寻通向未来的素材 |

接受执行董事培训的客户有时也会咨询自己孩子的问题。多数情况下,往往是在我培训结束准备离开时,他们会突然凑上前来"再耽误您2-3分钟可以吗?"

几天前,我就接到了一个这样的咨询。

"我儿子是个大学生,现在正在找工作。我不清楚他想去什么样的公司,所以我问他'你将来想做什么?'但他什么都回答不上来。这种情况,我该怎么去帮助他?"

突然被问到未来的规划,无论是谁都是很难回答的。在和老板的交流中也一样,如果突然被问到:"你将来想做什么?"我估计大部分人都回答不上来。

在这种情况下,最有效的方法是"首先,让人们回想起过去"。比起展望未来,回忆过去要轻松得多。

例如,问问你的孩子:

"我记得小学时,你有特别感兴趣的事吗,是什么来着?"

"你中学的时候,不是有喜欢的科目吗?是历史吧?"

向过去提问,引导他们回想,是为了帮助他们收集"能开启未来大门的素材"。

如果是部下,可以问问下面的问题:

过去的经历中存在对未来的启示

比如，面对一个为工作而烦恼的大学生。

- 小学时，你特别感兴趣的事是什么？
- 中学时，你喜欢的科目是什么？

比如，面对对今后的职业生涯感到迷茫的年轻职员。

- 想想你进入公司是因为对什么感兴趣？
- 到目前为止，你做的哪项工作是最快乐的？

"想想你进入公司是因为对什么感兴趣？"

"到目前为止，你最喜欢的项目是什么？"

当他可以充分回想起自己的兴趣、前进的方向、触动心灵的事件时，再问问他：

"今后5年之内，你想做什么样的工作？想实现什么愿望？"

描绘未来的线索，就存在于过去的各种体验之中。

在日常繁忙的生活中，单靠自己，我们也许很难找到它。在和教练的共同探索中，那些镶嵌在我们过去的、关于未来的线索就会被发现。

教练是未来的伴侣，更是过去的伴侣。

> **要点** 在谈论未来之前，先谈论过去。帮助对方收集有关未来的素材。

技巧 28　先想象出行动的结果

想让行为习惯化，绝非易事。

想一下，生活中你有没有遇到过这种情况。原本发过重誓，一定要在今天完成的事，却在行动之前，心中突然涌出一种"不愉快的感觉"，于是心中有个声音告诉自己："算了吧，明天再开始吧。"事情就这样推迟到了第二天。然而，到了第二天，"不愉快的感觉"又来了，"今天累了，明天再说吧"。

但是，到了第三天，你还是赢不了"不愉快的感觉"，结果又变成了"好吧，休息一段时间吧"。是的，你发现没有，真正的问题就在"令人不愉快的感觉"。

那么，为什么会产生这种"不愉快的感觉"呢？大多数情况下是因为你想象出了将要进行的事情的全过程。

比如，我想收拾房间。但是，下一个瞬间，无意间就想象出了自己打扫卫生的场景。尘土飞扬，不知道该把零碎的东西放在到哪里……这时，那种"不愉快的感觉"就涌出来了，就变成了"今天先不干了"。

早起也一样。当你醒来却不愿意起床时，往往是想起了起床后，自己在寒冷的房间里，一边颤抖着身体，一边用冰冷的水洗脸的场景，然后，"不愉快的感觉"又来了。

请从想象"行动的过程"切换到"行动的结果"

想象"行动的过程"

令人不愉快的感觉

想象"行动的结果"

令人愉快的感觉

如何将"不愉快的感觉"变为"好的感觉"呢？想做到这一点，想象行动的结果是最佳策略。

也就是说，我们想要采取某种行动，是因为这种行动将会给我们带来某种好处。打扫卫生是为了能够在干净的房间里愉快舒适地生活；早起是为了沐浴着朝阳，喝着香喷喷的咖啡，度过美好的一天。

不是去想象行动的过程，而是去想象行动之后带来的"好事"。这样，你就可以迅速地采取行动了。

如果你觉得"不愉快的感觉"将要袭来时，赶紧将这种感觉替换成行动之后带来的"好处"。

如果你的行为已经习惯化，那么，请一定要把这个技术教给你的员工。

> **要点**
>
> 想象"行动的过程"，往往会给你的行动一个急刹车。
> 所以，请想象"行动结果＝好事"。

技巧 29　让求助者谈论30分钟自己讨厌的人

那是我在指导一家制造商的董事时发生的故事。那天我们讨论的主题是如何与下属销售科科长保持良好的关系。

但那天，我从早上开始身体就不太舒服，只好一味地听他说话。半个小时后，我问了一下他上完整个课程的感受。

"哎呀，我感觉很舒畅，心情也变得轻松了。"他回答。然而，实际上，我们还没有找到问题的解决方案。

回想一下，你有没有和某人谈论某个人或是某件事30分钟以上的经历？人们往往会一下子陷入某件事情中去。如果和某人的关系不好，可能会不停地去想这个人的事，如果是销售业绩不好，也可能会一直陷入思考如何提高业绩中而不能自拔。

当然，能令你陷入沉思的事，一定是一件很重要的事，但如果陷入太深的话，就好像你与对方"黏"在了一起，就无法跳出当前的局限，从而尝试换个角度看问题了。

这样一来，很难找到解决问题的头绪。怎样才能把这些陷入某个事件中的人拉出来呢？其中一个方法就是：让求助者没完没了地谈论他讨厌的对象。

我会先这样告诉他："明白了，你不喜欢那个后辈呢，那请你把关于这个人的想法或是感受全部告诉我吧。"

彻底地说一说你不喜欢的人（或事）

0分
只能目光短浅地看待问题。

10分
逐渐可以与对方拉开点距离看待问题。

20分
距离客观地看待问题还有一点距离。

30分
保持在一个可以客观看待事物、冷静思考问题的距离上。

如果他停下来，我就会接着说："再讲一讲，我想全部都知道。" 如果他又停下来了，我就会接着说："其他的任何事情都可以，请告诉我你的想法。"

我会让对方一直说到已经没有什么可说了为止。

对于某个人，如果你已经连续诉说了半个小时以上，你们基本就不可能再"黏"在一起了，你和你所描述的对象之间，自然而然就有了距离，你可以比之前更冷静地看待你们之间的关系了。找到一个你可以尽情诉说的人，和他说30分钟左右你讨厌的人的信息。

一开始，你可能需要拜托别人："请您听我讲30分钟吧。"讲完之后，请仔细体会一下，你将不再纠结于某人某事，你的心情会瞬间变轻松。如果你掌握了这个方法，请一定要让周围的人也尝试一下。

| 要点 | 如果你有一个不喜欢的人，你的注意力会不自觉地全部集中在他身上。
通过30分钟的彻底谈话，你可以转换注意力。 |

第三章 关注目标达成

技巧 30 满分是10分，你可以给现在的自己打几分？

那是我为金融公司的分行经理做团体辅导时发生的故事。

他们以10人为一组，我要求他们每个人都回顾一下，在过去的一周里，他们是如何指导员工工作的？但是，我得到的回答却十分生硬，交流很难顺利进行下去。这也许是因为他们只会把注意力集中在如何用"正式的语言"发言上吧。于是，我转换了提问方式，要求他们给自己过去一周的指导行为打分。

"这周你是否认真倾听了员工的诉说？如果满分是10分的话，你给自己打多少分？"

"你觉得员工对你的认可度是多少？"

"你觉得你在多大程度上做到了让员工乐在其中地工作？"

当我这样提问时，他们才恍然大悟。

"啊，这么说来……""嗯，这点还没做到呢。"

平时笼统地认为自己"还没做到的事情"或"不能做到的事情"，试想一下，如果"用分数来给它们打个分"，是不是可以使你更加客观地回顾已做过的事。"这些是已经达成的"，"从这往后是还没有完成的"，用这种方式，你可以对自己的行为看得更清楚。

我们先做个练习，试着把那些"需要更加努力去做的"的事情分数化。假设达到理想状态的话，可以得到满分10分。

用数字表示，我们就可以清楚地看到"过去"和"未来"

莫名地进展不顺。

现在能得6分，还差4分。

第三章　关注目标达成

"你有多认真地想要完成这个目标？"

"你现在为实现你的梦想采取了多少行动？"

看看你给自己打了多少分？不需要经过严密思考，直接说出那些出现在你脑海中的数字即可。对于那些没有做到的事，大多数人只是模糊地意识到事情"进展得不顺利"。而不能顺利进展的原因，甚至都没有进入他们的意识中。想要使事情顺利进展下去，就像是在迷雾中寻找前进的道路一样，十分困难。

分数化有可能会消除这个迷雾，提示出我们要走的路。

如果有人在雾中徘徊，请一定要问问他："你可以给现在的自己打几分？"至少可以帮助他看到道路的入口。

> **要点**　达到理想状态的满分是10分，给现在的自己打分。
> 只要直观地用数字来表示，情况就会变得清晰。

技巧 31 制作自己的能力核对清单

有没有听说过competency这个词？它被翻译为行动力，指在某一项工作中应该具备的能力。

例如，对某公司的销售人员来说，行动力就是在拜访顾客前，一定要考虑好向对方提问的问题。

有些公司甚至试图通过引入"行动力"这一概念，来提高员工的工作能力。

具体来讲，就是邀请在该领域中表现出色的人（可能是从公司内部邀请的，也可能是从公司外部邀请的），以他为模型制作行为能力核对清单，然后把表格发给全部员工，号召大家对照表格，提高自己的分数。如果员工的工作能力能够保持在一个高水准上，并且被标准化，那公司整体的业绩自然而然就会提高了。

不幸的是，我几乎没有听说过这个制度成功的先例。

让员工用核对清单来提高自己的能力，就像是对一个新来的职业棒球选手说"你要向一郎选手或大谷翔平选手学习"一样。

本来在工作中，每个人都有属于他自己的能够提高的方面，如果采用这种方式，最终就变成了追求"应该提高的方面"。

制作核对表，本身有助于使用者保持不断提高职业技能的决心。但如果可以的话，我希望教练和求助者可以一起做一份"属于求助者个人

创建属于自己的清单

命令

我不想做,也做不到。

创建属于自己的清单

因为是自己的清单,干劲十足!

的核对表"。

一边建议对方"把这个月想掌握的技能，都总结成表格吧"，一边仔细听听对方想要完成的事情。

如果你在对方的回答中找到10个方面，那么也问问对方，怎样把这10项内容做成行为能力核对清单的形式。

可以做成能够随身携带的笔记本大小的样子，也可以在A4纸上，用自己最喜欢的字体印刷出来。

一定要让他们认识到，这个核对表不是其他任何人的，它是只属于他们自己的。

只有这样做，核对清单才不会只是一个强迫努力的命令，而是一个能不断激励自己前进的能量源泉。

> **要点** 每个人的优势和个性各不相同，因此不要追求"应该达到的"，而是要帮助每个人制定适合他成长的个人策略。

技巧 32
用讲故事的方式引入

技巧 33
用开场语缓解紧张

第四章

技巧 36
解释"为什么"

技巧 37
磨炼完全交由对方判断的提案能力

技巧 34

利用妥协—未完成—界线，给出新的切入点

技巧 35

听得越多越广，越好

转变视角或切入点

技巧 38

接受一个出乎意料的要求

技巧 39

让求助者坐到教练的位置上来

第四章　转变视角或切入点

技巧 32　用讲故事的方式引入

可能很多人都有过这样的经历：当上司或长辈以"人生嘛，就是这样"开头，准备没完没了地教导你时，你恨不得马上逃离他。

再也没有比像谈论"A是B"这样的一般性理论时，说话者"想要传达的程度"和听话者"想要听的程度"之间的落差更大的了。

"什么是人生？""什么是工作？""什么是学习？"。

对于讲述者来说，这恐怕是他历尽千辛万苦才找到的"真相"，自然而然就会热心地告诫听话者。但对于听话者来说，这样的教育除了让他们感到痛苦外，就再无其他了。

企业教练技术的核心是"促进对方的探索和发现"，有时教练也会期望对方可以和自己有共同的见解，或是不同的观察视角。

但是，换作一般性理论就不行了。对方听到一般性理论，会下意识地拒绝。那是因为如果毫无防备地接受一般性理论，是非常危险的。

假如说，有人告诫你"人生就是努力"，那么努力以外的东西就被排除了，如果听话者简单地接受了这个理论，他的人生就会变得呆板无趣。所以人们一般不赞同一般性理论的告诫。

如果想把"A是B"的理论传达给对方，就有必要在"谈话"中讲出来。谈话可以是书或电影中的故事，也可以是所见所闻的另一个人的故事，或者是自己过去的体验。

比如，如何向因失败而情绪低落的对方打招呼

讲大道理的方法

不要因为失败了一次就放弃！你还不够努力！加油！

讲故事的方法

我从没失败过。我只是找到了一万种行不通的方法。
爱迪生

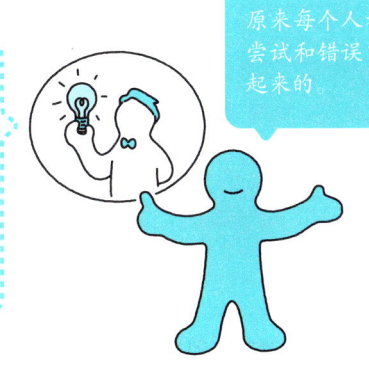

原来每个人都是在尝试和错误中成长起来的。

103

第四章　转变视角或切入点

故事作为一种优秀的传播手段，有两个优点。

一是越是具体的故事，越能证明"A是B"的事实。也就是说，不管它是不是总是正确的，但是它绝对有正确的时候。另一个优点是，与一般的观点讲述不同，故事更容易留存在脑海里。回想一下，当你的脑海里浮现出"A是B"这个论断时，会不会马上去寻找相应的故事情节呢？

本来，能得出"A是B"这样论断的人，要么是读了很多书，要么是听别人讲了故事，要么是自己遇到了什么事，有过什么样的体验，总之他一定是有这样或是那样的故事的。只有当你以讲故事的方式说出来时，"你所体会到的真相"才会传达到对方的心里。

> **要点**　讲大道理很难改变对方看待问题的角度，讲具体的故事则能将道理传达到"对方的心里"。

技巧 33　用开场语缓解紧张

回想一下你是否有过这样的经历：当你苦恼于怎样将某些难以说出口的话告诉对方时，会不会事先在脑子里模拟几次？

然而实际情况却是，越是模拟，在真正与对方面对面时就越紧张，说话声音也变样了，甚至说话的语气都变得强硬起来。彼此间弥漫着紧张的气氛，双方都感觉非常不舒服。

有了这样的经历，下次再不得不说某些难以启齿的话时，模拟得比以前更频繁了，然而，真正见面时又出现了强烈的紧张气氛……如此周而复始，陷入恶性循环。这个时候，派上用场的就是开场语了，即事先谈论一些与主题无关的话题，帮助我们顺利引出话题。开场语运用熟练的人，即使是难以表达的话也会格外轻松地说出来。

开场语有好几种类型，首先是"征得对方许可"的开场语。例如，"有件事我有点不好意思说，我可以说吗？"对方有99%的可能性会回答"可以"。只要得到了对方的许可，那就没那么难说了。

其次，传达出对方的行为不是在任何情况下都是负面的，而是"从某个角度来看是负面的"这样的开场语。"从指导的角度来看……""这是我的想法……""有一种可能性是……"因为我们的主张涉及的范围被限定了，所以对方的抵触感会有所减弱，我们的意见也会变得更加容易传达。

第四章　转变视角或切入点

开场语可以降低对方的接受门槛

"我可以说一下吗……"

"从指导的角度来看……"

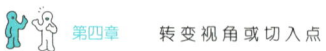

"这是我的想法……"

"有一种可能性是……"

"一想到要说这个，我就有些紧张……"

＋

难以说出口的话

最后是事先传达"我的心情"的开场语。"一想到要说这个，我就有些紧张……"

像这样，开场语可以降低对方的接受门槛，你想传达的信息也更容易被对方接受。

同时，开场语还有利于保持对方和自己之间的"伙伴"关系。

相反，如果不使用开场语，突然传达某些信息的话，很有可能使说话人和听话人之间产生不必要的上下级关系。即使这个信息对你来说并不难讲出来，但为了拉近双方关系，开场语也是有效的。

> 要点
>
> 在谈话中，有可能会出现不必要的上下级关系。
> 使用开场语，可以缓解紧张气氛，保持和对方的伙伴关系。

第四章 转变视角或切入点

技巧 34　利用妥协—未完成—界线，给出新的切入点

首先，请先读一下下面3个问题，只阅读即可，无需作答。

"请列举出5件自己在工作或是家庭上'妥协'的事情。"

"请列举出3件你已经拖延了很久，'未能完成'的事情。"

"你的'界线'的范围是多大？"

所谓"妥协"，是指尽管有这样的想法，但还是决定"先忍耐一下"。

例如，某员工上班经常迟到两三分钟，你想："我就别每次都提醒他注意了，免得人家说我吹毛求疵，还是算了吧。"，这就是"妥协"。

"未完成"是本打算做却没有做的事，或者是打算停止却没能停止的事。

"还没有整理通讯录呢""还没有来得及写感谢信呢"等等，这些都是"未完成"的事。

"界线"是你对周围人说"不"的指标。

有底线的人，在对方提出不合理的要求时，会好好地告诉对方"我做不到"，在对方的话伤害到自己时，可以明确地告诉对方"请不要说那样的话"。

反之，没有底线的人会忍气吞声地接受别人不合理的要求，会接

试着给出你自己的答案

妥协

你妥协的事情是什么？

其实很想这样做，但还是算了……

未完成

没有完成的事情是什么？

想要放弃却没能放弃的事是……

一直想做却没能做的事是……

界线

你的界线的范围是多大？

我接受什么，不接受什么？

我在什么情况下会说"不"？

第四章　转变视角或切入点

受无妄的批评而没有任何反抗。

讲到这儿，现在请大家重新阅读前面的问题，并给出答案。你有没有注意到什么？

帮助对方明确他的妥协点、未完成点，以及人生界限，就是给他提供了一个不为他熟知的"切入点"，可以从一个崭新的角度照亮他的人生。

只有你的人生中照进界线这束光，才有可能看到自己平时接受了多少不合理的要求。

试着给你周边人的人生一个新鲜的"切入点"吧。那么，你会先使用哪个"切入点"呢？

要点　通过给对方提供一个不为他熟知的"切入点"，帮助他发现一直以来的盲点，从而发现新的可能性。

> 技巧
> **35** 听得越多越广，越好

在美国研究生院学习临床心理学的时候，我就立志成为心理咨询方面的专家。光是在校内实习是不够的，周末，我经常会去各种各样的心理治疗研讨会。

在其中一个研讨会上，给我做指导的是一位叫罗恩·克莱恩的中年男子。我忘不了第一次上他的公开课时，他带给我的强烈震惊感。他一下子就抓住了求助者问题的核心，瞬间改变了求助者对事物的看法。我不止一次地想，我也要像他一样，成为一名优秀的经营管理教练。

虽然企业教练技术与心理咨询不同，但在我心中，优秀的经营管理教练就是罗恩·克莱恩这样的人。尖锐地揭示当前存在的问题，并与求助者一起快速找出为实现目标而应采取的行动。这就是我想要的企业教练技术。

总之，就是面向核心，逼近核心。

但是最近，我开始觉得这种如同锥子钻洞一样，深入挖掘问题核心的指导方式，只不过是其中一种选择而已。有时，比起深入挖掘一个问题，广泛提问，倾听更多问题的指导方式更加有效。

我在为一家保险公司的销售主管做指导时，体会到这种方法的有效性。首先，我广泛而浅显地询问了办公室里发生的事情。我向主管

第四章　转变视角或切入点

有时，不妨尝试一下广泛提问、更多倾听的方式

集中某点深入挖掘

就像用锥子钻洞一样，逼近问题的核心。

广泛提问，更多倾听

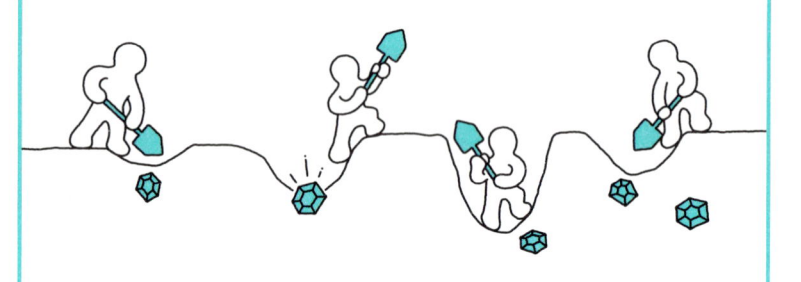

就像光束会从各个角度照射进来一样，更有利于从多角度把握现状。

提出一个问题，等待他的答案，然后接着提问："你还注意到什么了吗？" 如果对方回答不上来，我就提供几个问题的切入点："员工对此事有什么想法？""做兼职的女性每天是带着怎样的心情来工作的？"

就像光束会从各个角度照射进来一样，对方也就可以从多个角度，更清晰地把握现状了。

广泛提问，更多倾听，可以使我们因只关注到一点而僵化的大脑得到缓解，更有可能看清事物的本质。

相反，如果信息从一开始就是凌乱分散的，通过集中某点深入挖掘的方式，会更有利于集中意识，对问题的分析也更深入。请务必根据情况区分使用这两种方法。

> 要点　有时，广泛提问、更多倾听的方式，有利于缓解对方的紧张感，帮助对方从多个角度把握现状。

第四章　转变视角或切入点

技巧 36　解释"为什么"

我在初高中时，曾是学校橄榄球队的一员。我也曾被安排在中卫的位置，负责领导球队，发号施令；我也曾被任命为球队队长。有一次，教练叫我告诉队友："你把这个战术告诉后卫队员。"那是一种与以往都不同的新战术，当时我担心如果传达了，会遭到成员们的反对，所以有些犹豫不决。

教练似乎察觉到了我的迟疑，对我说："你的弱项就是没有理由就说不出来，其实一句'我觉得这么做很好'就够了。这就是队长该有的领导力啊！"

这样啊，原来没有理由就说不出来是自己的弱点啊……教练这句话给了我巨大的冲击，我至今仍记得自己鼓足勇气，使劲向同伴们传达指示的场景："喂，大家听我说！"

从那之后过了30年，就在不久之前，因为有缘，我得到了一个机会，为某橄榄球强校的干部（主要是队长、副队长等领导层）举办领导力研讨会。

在研讨会之前的碰头会上，我和教练交流，教练对我说："现在的孩子和我们那时不同，你对他们说'来吧，干吧'，他们是一动都不会动的。你必须告诉他们为什么要这么做。不管是多小的事，即使是寒暄，也必须告诉他们为什么这样做很重要。"

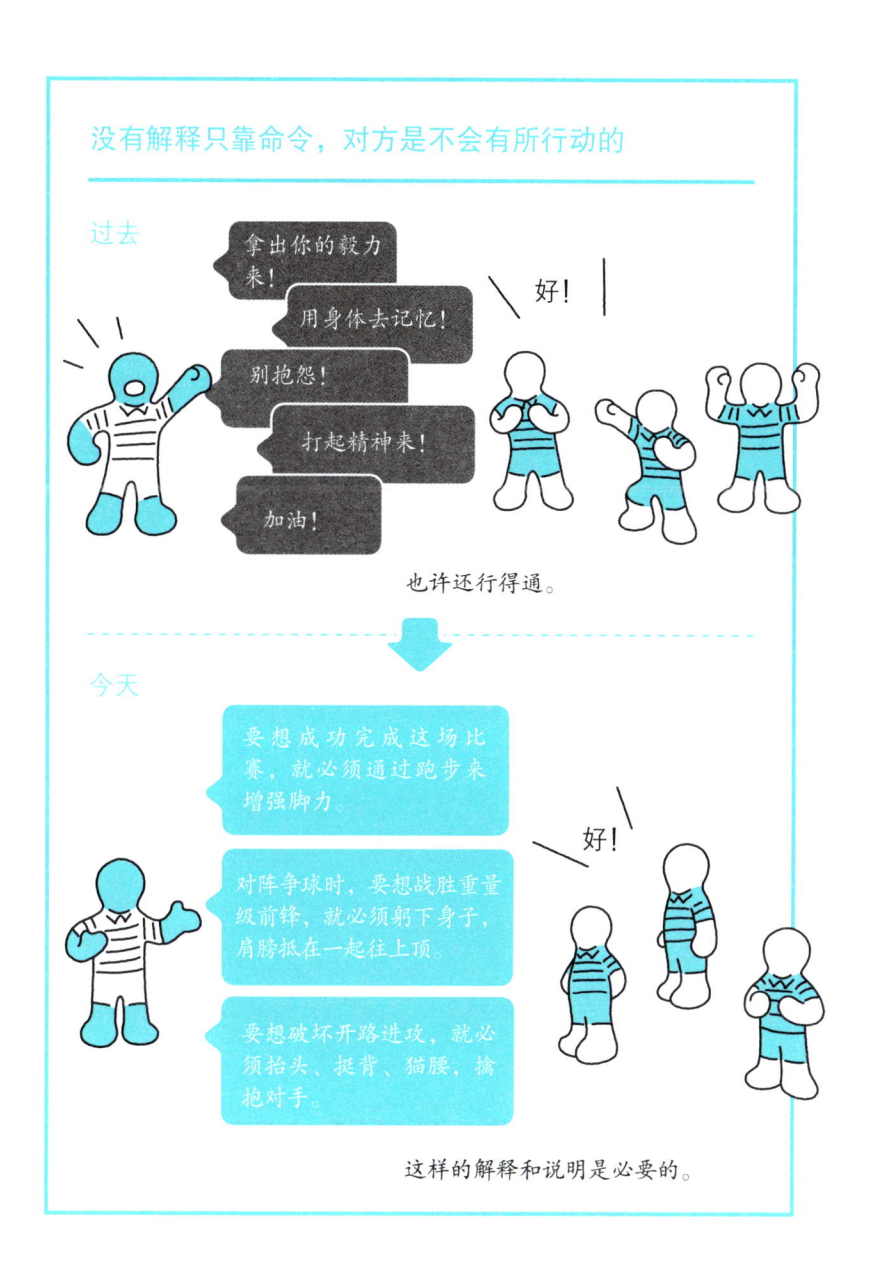

没有解释只靠命令，对方是不会有所行动的

过去

- 拿出你的毅力来！
- 用身体去记忆！
- 别抱怨！
- 打起精神来！
- 加油！

好！

也许还行得通。

今天

- 要想成功完成这场比赛，就必须通过跑步来增强脚力。
- 对阵争球时，要想战胜重量级前锋，就必须躬下身子，肩膀抵在一起往上顶。
- 要想破坏开路进攻，就必须抬头、挺背、猫腰、擒抱对手。

好！

这样的解释和说明是必要的。

115

第四章　转变视角或切入点

这让我深切地感受到，时代真是不一样了。英语中有句谚语说"一针及时，可省九针"。意思是如果今天缝了一针，明天就没有必要缝九针了，缝得越早，开绽越小，拖得越久，开绽越大。比喻越及早处理，负担就越轻，越容易解决。

而现在，无论是在社团活动中还是在职场中，领导者们都有必要将这句话记在心里。

"因为这就是规则""因为我当初也是这样做的""因为就是这样"，用这种命令的话来领导团队已经行不通了。

为什么会这样？从心理层面来讲，人们只会去做自己能够理解的事情，因此，我们必须把一切都恳切细致地说清楚。

世上总有些荒谬事，有时我们也必须要问"为什么"。解释过多不行，强忍不合理也不行。

如何平衡两者之间的关系，就看教练的本领了。

> **要点**　如今这个时代，只用"干起来！"来命令对方，已经行不通了。要时刻提醒自己注意发现"为什么"，注意解释"为什么"。

技巧 37 磨炼完全交由对方判断的提案能力

今天我想和大家聊聊建议的话题。也许有人会想：还有必要吗？我们在工作中经常给别人建议，也会经常收到别人给我们的建议。

但是，请你稍微思考一下。到底什么是"建议"？你的这个建议真的被对方当作"建议"接受了吗？

前几天我去喝啤酒，快要喝完时，女服务员走了过来问道："你再来一杯吗？"其实我原本打算再喝一杯，但是一听到她那仿佛是"你理应再来一杯"的语气，就非常生气，马上拒绝了她："不需要了。"

接着，女服务员又马上追问道："那你还喝点别的吗？"她带给我的不适感又增加了一层，所以我不自觉地用强硬的语气说道："已经够了。"于是，她悻悻地走了。

女服务员的话，如果只看文字就是"建议"。但在我听起来，这就是一个"命令"，一个不容分说必须遵从的命令。

本来，建议是在"是"或"否"的选择权完全交给对方的基础上，才能实现的。但是，无论是公司还是学校里，上级能够向下级提出真正意义上的建议的情况并不多。

"你为什么不在你的演讲材料中加入市场趋势报告呢？"

"你不应该在英语上多花点力气吗？"

虽然形式上是"建议"，但它的内容几乎是"命令"或"管闲

第四章　转变视角或切入点

当然，这不是一个建议

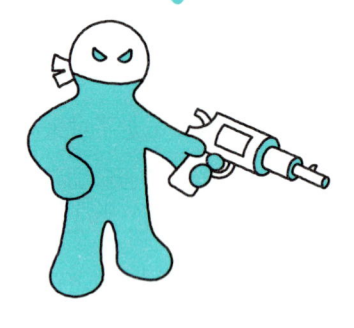

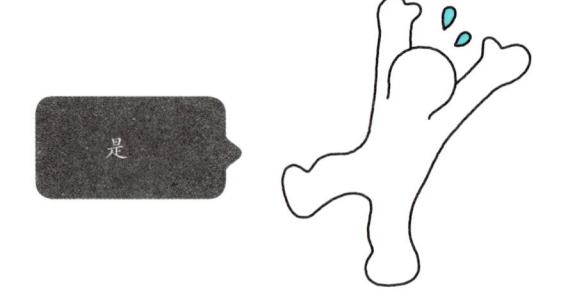

如果你把所有的钱都拿出来，你的安全就会有保障，你觉这个提议怎么样？

是

给我们回答No（否）的可能性是0。

事"。而这种命令和管闲事,无论如何都会把对方引向"被迫"的方向。

是也行,否也行,全交给你判断,如果你用这样的语气向对方建议时,对方才会把这个问题当作"建议"来接受。

在公司也好,在家里也好,我们先从别人对我们说的话开始练习,试着去察觉它们是建议还是建议以外的东西。判断的标准只有一个,那就是是否给予了你说"不"的权利。

如果做到了这一点,你就可以把建议和建议以外的东西区分开来了。请尝试对周围的人使用看看,同时要注意观察对方的反应是如何变化的。

| 要点 | 建议有时候却变成了"命令"或"管闲事"。请磨炼完全基于对方选择的"真正的建议能力"。|

119

第四章　转变视角或切入点

技巧 38　接受一个出乎意料的要求

你有没有这样的经历，突然接到一个很大、很出乎意料的要求，看问题的视野却一下子开阔起来了？

你有没有过这样的经历，如果是稍微努力就能完成的要求，你会想"嗯，这样做就可以……"但如果是非常大的要求，你会吃惊地想"咦？这能完成吗……"虽然这么想，但不知为何身体却变得轻松起来。

现在，如果你有已经决定了期限的事，例如"必须在某个时间之前完成的事"，请试着想象一下这件事。例如，收拾屋子，制作工作用的文件，背500个英语单词，存50万日元。只要是你设定了期限的目标，什么都可以。

接下来，请想象一下，用一半的时间，认真达成刚才你设定的那个目标，你会有怎样的体验？ 如果之前是用1个月的话，现在用2周；1周的话用3天；4个小时的话用2个小时。你此时感觉如何？有没有感觉到能量喷涌而出？

再来一次，这次在不改变期限的前提下，尝试将达成的量翻倍。不只是2个房间，4个房间都要彻底清理；一口气做两种文件；记1000个英语单词；存100万日元。请一定要下决心做一做。

然后想想，你会有什么样的感觉？ 是不是可以很清楚地看清周

用让对方怀疑自己耳朵的要求，点燃对方的内心

这周请给我5份企划书。

好的。

我会想办法完成5份的……

这周请给我10份企划书。

咦？10份！

5份都很难了，10份做不到。

这周请给我100份企划书。

100份，加油干吧！试试看！

但是，双方如果没有对对方深深的信赖感，是做不到的。

围？不仅是对自己，对周围的人也提一下类似的要求吧。让他们用二分之一的时间来达成目标，或者在既定的时间内完成两倍的目标量，看看会有什么样的成果？

人只有接受要求、回应要求，才能打破事先为自己设定好的界限。教练可以把让对方瞬间怀疑自己耳朵的、看上去不可完成的要求，作为一种激动人心的"游戏"展现出来，从而点燃对方内心的火焰。

要做到这一点，教练必须对对方有很深的信赖感，相信满足这种要求的能力早已在对方心中存在，只有这样，才能激发对方的潜能。

要点 设置一个大目标，可以帮助对方开阔视野，涌现出打破自身极限的能量。

技巧 39　让求助者坐到教练的位置上来

做指导时，有时我会突发奇想地让求助者当一次教练。

前几天我在给一名税务师做指导时，突然感觉谈话难以进行下去了，于是突然问对方："话说回来，你能偶尔给我做做指导吗？"

"什么？"

电话那头的税务师声调都变了。我能想象电话那头的他一脸惊慌失措的样子。当他意识到我并不是在开玩笑时，欣然开始了对我的指导。

"你觉得怎样做会更好？"

"有人在这件事上支持你吗？"

他提问的问题都很棒。大约15分钟后，"反向指导"告一段落，我问了他的感受："感觉如何？"他回答道："我觉得眼前一亮。"

在此之前，他只考虑着自己的问题，视野狭隘，思想僵化。通过给我做指导，从关注我的问题开始，他的视野似乎被打开了一些。之后，他也可以稍微从容地看待自己的问题了。

在辅导中，对于对方的问题，要努力从不同的角度去看待。然后，通过从不同的角度看待对方的问题，可以使自己僵硬的头脑变得灵活起来。

最终，你也可以从更多的角度来看待自己的问题了。

第四章 转变视角或切入点

立场一变，眼界也就开阔了

教练 　　　　　　　　　顾客

教练 　　　　　　　　　顾客

教练 　　　　　　　　　顾客

可以问问你的员工:"你觉得我该怎样做才能成为一个好上司?"

也许刚开始的刹那,对方会露出一副难以置信的表情:"哎?"但之后他一定会给你一个很棒的指导。

从辅导中得到好处的不仅仅是接受指导的人,指导的人也会受益匪浅。

> **要点** 改变职务或是立场,可以使你开阔视野,也可以从另一个角度看待问题。

技巧 40
持续跟进、不断帮扶

技巧 41
赋予对方失败的权利

第 五 章

技巧 44
持续认可

技巧 45
替换对方心中的画像

技巧 42
使用"封闭式问题"

技巧 43
点燃心火

敦促对方的自发行动

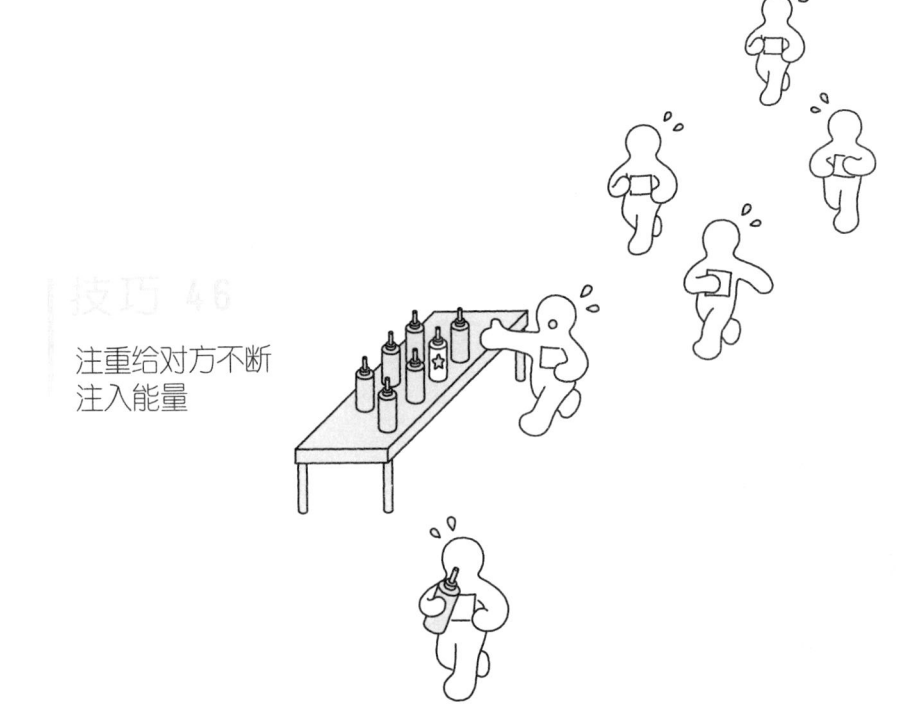

技巧 46
注重给对方不断
注入能量

技巧 40　持续跟进，不断帮扶

回想一下你有没有过这样的经历？因为对某人的改变满怀期待，你彻底参与进督促对方改变的行动中去，对方也欣然接受你的提议，那一刻你不由自主地想："下决心去帮助对方改变真好"，然而，过了一段时间后你发现，对方始终没有做出任何改变。

无论是养育孩子的人，还是从事教育工作的人，都希望自己所讲的话的影响能够永远持续下去。但是在现实生活中，这是很难实现的。因此，教练才需要持续跟进指导过程。

指导并不是当场让对方兴高采烈接受就结束了，而是需要持续跟进，直到对方确实采取行动为止。

首先，告诉对方无论决定了做什么，实行一段时间后，请一定要将事情的进展告诉你。

其次，一段时间之后与对方取得联系，确认进展情况。如果对方没有采取行动，一定要弄清楚是什么阻碍了对方的行动。

接着，在对方的主导下选择新的行动，并使其真正行动起来，并加上一句："如果有事，希望你随时来，无论发生什么，我都会支持你。"几天后，再次确认一下对方的进展。

这个过程看似虽然很简单，但通过这个反复的过程，会让对方觉得"教练确实一直在支持我的成长""教练很看重我"。只有在这一刻，

第五章　敦促对方的自发行动

教练是持续跟进、不断提供帮助的人

根据指导，决定应该采取的行动。

客户想要采取的行动。

客户不能行动，遇到挫折时。

由于教练的支持而获得安全感，继续挑战行动。

教练才真正成为对方成长道路上的"陪跑者"，而不只是某项行动的"引爆剂"。

比如，你对同事说："最近身体不好，要少喝酒。"

如果听者是你，会有什么反应？可以试着这样说："一周后，再告诉我你的进展情况吧。另外，途中如果有什么需要我帮忙的，尽管说。"

喝酒对身体不好，与其将自己在书上所学到的一知半解的知识告诉对方，还不如这样处理，更能让对方欣然接受。

部下或同事想尝试新的行动时，只是简单告诉他们一句"我随时都在你身边"，他们会有什么样的反应？有机会的话请一定要尝试一下。

> **要点**
> 确定目标，并不是指导的结束。教练是一边确认对方进展情况，一边帮助对方明确前进道路上的障碍的人，是对方前进道路上的陪伴者。

第五章　敦促对方的自发行动

技巧 41　赋予对方失败的权利

回想一下，迄今为止，当你想学习某项新事物时，无论是在工作上，还是在学习上，你的上司、老师、父母给了你多少"失败的权利"？

也就是说，不把失败当作坏事来追究，而是把失败当作走向成功的必要的一步来看待，他们会在此期间一直关注你、支持你吗？如果他们能够做到这一点，对你来说就足够了吗？还是说，如果能再给你一点失败的余地就更好了呢？

相反，如果你现在站在一个帮助别人学习新事物的立场上，回想一下，你给了他多少"失败的权利"。

几天前，一位1岁儿子的妈妈对我说了这样的话："美国的妈妈，让孩子们自由玩耍，一点也不担心孩子磕到碰到，我们都替孩子捏一把冷汗。她们怎么能这么放心？"

看到刚一岁多、走路还摇摇晃晃的孩子，一个人爬上滑梯那陡峭的台阶，她就会忍不住这么想。

我在美国的时候也深有感受，确实有很多美国父母从小就让孩子自己做自己的事，他们认为成功的前提就是失败。

与此相反，日本的父母似乎有很强的不容许孩子失败的倾向。不仅是有孩子的父母，日本社会一般对失败也不太宽容。

失败是通往成功的护照

失败了,没问题吧?

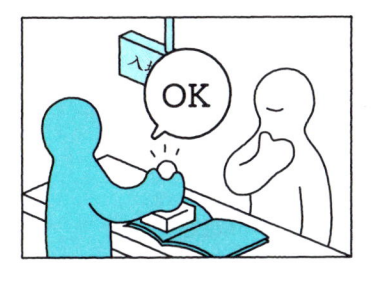

……

谢谢!我会在这个国家努力的!

例如，在日本，现实的情况是，有过公司破产经历的经营者要想重返商场舞台是相当困难的。与此不同的是，在美国，破产这件事本身就被视为经营者不可替代的宝贵经验。

在人才培养这个大背景下，我认为可以给予对方更多的"失败的权利"。这是因为，通过给予对方"失败的权利"，更有利于调动出对方行动的自觉性。

反过来说，如果没有给予对方"失败的权利"，行动就变成了一连串"不得不做"的事，不仅没有促进对方自发行动，反而助长了对方的义务感。

自己到底给了对方多少"失败的权利"，我们有必要停下来思考一下。

要点　失败经验对于成长来说是不可或缺的。
给予对方失败的权利，有利于调动对方行动的自觉性。

技巧 42　使用"封闭式问题"

再给大家分享一件某次管理教练培训活动中发生的故事。那次，某培训公司的总经理扮演教练的角色。

我们讨论的主题是"减肥"。他提的第一个问题是："我们今天谈谈减肥，请问你真的打算瘦下来吗？"我就像头被锤子砸了一样震惊。换作是我，会从问问对方"你想减到什么时候？瘦到什么程度？"或者是"为了减肥，你之前都过什么？"之类能够确认对方目标和过去体验的问题开始。几乎不会从一开始就问对方只能用是或否作答的问题。

然而，总经理却坚持让对方回答他的问题，并不是带着威慑的语气，而是向对方传达出一种真挚的，"我想确认你的承诺"的态度。

顾客在一时语塞之后，用坚定的语气回答道："是的，我想。"这位总经理几乎在这一瞬间就把成功收入囊中了。

他只问了一个问题，就激起了顾客的执行欲望。

问题的类型大致分为两种。

一种是"开放式问题"，另一种是"封闭式问题"。

"开放式问题"是由5W1H（何时，何地，谁，什么，为什么，如何）引起的问题。

"封闭式问题"是指对方只能用"是"或"否"作答的问题。

第五章　敦促对方的自发行动

只问一个问题，就能确认对方的决心

你真的想瘦吗？
是？ 不是？

Yes!

指导过程中的问题，原则上是5W1H的开放式问题。但是，封闭式问题有时候也会产生意想不到的效果。让我们怀揣勇敢和同情心，大胆地提问吧。

在此之前，我认为，指导最重要的是"帮助对方从自身找到答案"。为了实现这个目标，我一直认为"多使用开放式问题"很重要。但这次，封闭式问题的价值在我心中一下子增加了不少。在不破坏与对方交流关系的前提下，每提问3次，就可以使用一次封闭式问题。

你也一定要试着使用一下封闭式问题。

使用封闭式问题，需要提问者拥有勇气和同情心。

也正因为如此，提问时你可以将自己真挚的态度传达给对方，对方也能感受到来自你内心的、喷涌而出的力量和爱。

要点 试着怀揣勇气和同情心，向对方提问一个"封闭式问题"，并要求对方用"是"或"否"作答吧。

技巧 43　点燃心火

企业教练技术的核心就是行动。通过沟通,"客户是否感觉良好了"是次要的,"客户是否真的采取了行动"是决定辅导价值的唯一标准。

如果说行动的积累与目标的实现息息相关,那这样的要求自然是无可厚非的,但至少,教练应该负责任,或者说必须承担责任的,就是客户的行动。

教练不能在客户不采取行动的时候说:"现在这种状态下,我不能强制他采取行动。"教练不能找这样的借口。

对方没有行动是因为你还不具备充分的指导能力——教练员必须有这样的觉悟。

到目前为止,我们已经介绍了各种各样的指导技能和方式,所有的技能都是为了"让对方主动采取行动"而设置的。

如果把企业教练技术比作拼图,那其中最重要的一块就是"鼓励对方自发行动"。比起别人让你做这个做那个,自己想做的事情,才更有可能付诸实践。

因此,"鼓励对方自发行动"是教练不能忘记的技能和立场。 但是,如果你想提高执行某项行动的可能性,还需要增加另一个重要的部分。

"点火"就是直接提出可以引发某项行动的要求

请一定要做做看。

第五章　敦促对方的自发行动

那就是Fire，翻译成"点火"。"点火"就是直接提出可以引发某项行动的要求。其目的是让对方瞬间提高执行某项行动的积极性，像被点着火一样，在心里默念："好，马上干起来！"

"点火"是在教练和求助者共同进行了彻底的探索、求助者真正发掘到自身潜力，决定做某事之后才进行的。

"请一定要做做看。"

"不管发生什么，一定要尝试这件事。"

请用低沉而认真的声音提出你的要求，并事先声明，不接受任何关于不行动的借口。如果两个人之间，有一个人下定了决心去行动，那股"神圣的空气"在他们之间流动，哪怕只有一瞬，也是"点火"成功了。

> **要点**　如果对方决定了做某事，请直接恳切地提出你的要求："请一定要做下去。"

技巧 44 持续认可

再给大家分享一件我在给一家饮料制造商做演讲时发生的故事。

在给大家讲解认可员工的重要性时,一位管理人员举起了手:"我知道认可很重要。但也有需要训斥的时候吧。这种时候该怎么办呢?"

光靠认可是不能培养人的,你怎么不说一下训斥的重要性?他话中流露出一丝这样的意味。

这番挑衅的话语,也不由得激起了我反驳的欲望。

"我并不是认为训斥不好,但还是希望大家认真考虑一下不训斥的培养方式。"

我用稍微强硬的语气表明了自己的观点。在美国的某部心理学书中,将"训斥"定义为"鼓励挽回"。

本来"训斥"是指在对方犯了错误时,为了"不让对方辩解,让对方认识到不对的事就是不对,划清对与错的界限,引导对方走向正途"而采取的行为。

如果是只抱着这种意识训斥就好了,但多数情况下,训斥只是上司的情感发泄,比如:不喜欢不按自己想法行动的人,所以要训斥。生气不按自己说的去做的人,所以要训斥。

第五章　敦促对方的自发行动

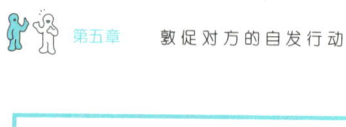

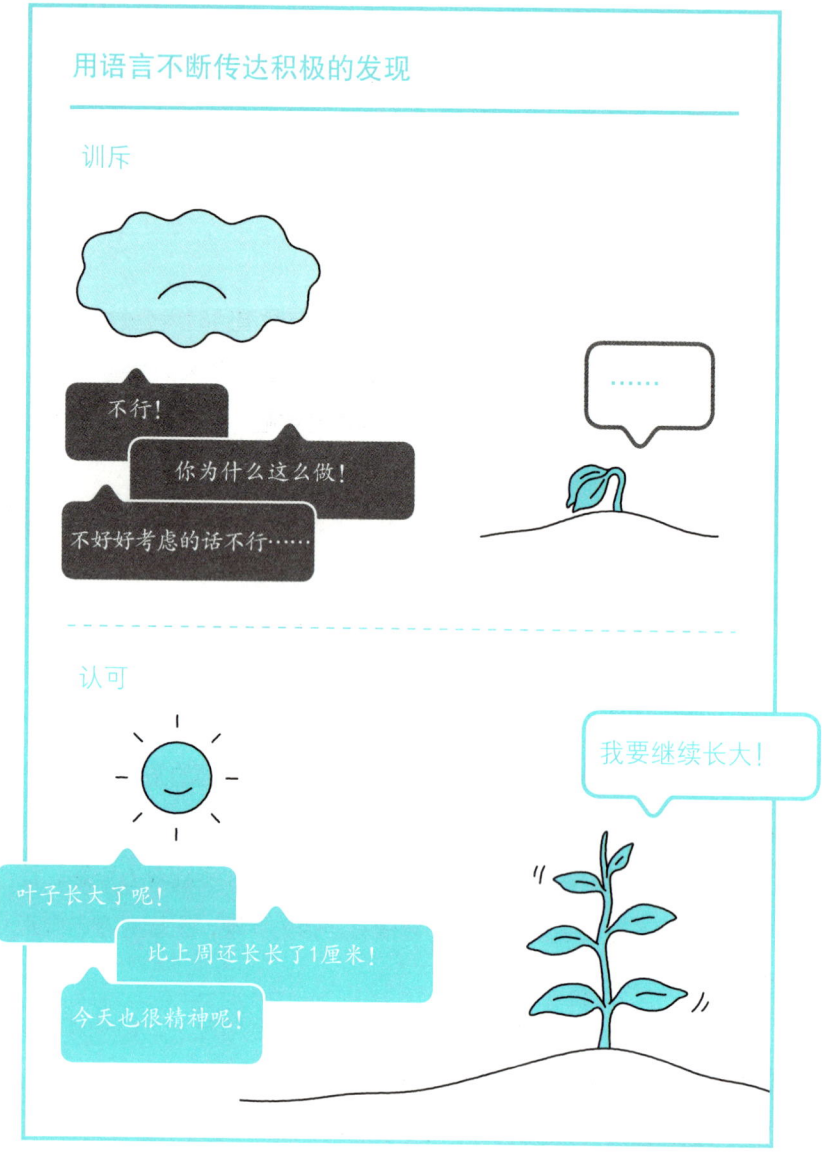

用语言不断传达积极的发现

训斥

不行！
你为什么这么做！
不好好考虑的话不行……

……

认可

叶子长大了呢！
比上周还长长了1厘米！
今天也很精神呢！

我要继续长大！

员工是可以感受到上司流露出的这种情感的，所以更有可能激起员工的不满或反抗。

而对上司来说，让习惯于流露自己情感的人，说话时不带一丝情感，是很难做到的。

因此，我们需要把目光转向不需要发泄情绪的新的行动，这就是"持续认可"。

留意员工的言行举止，不管是多小的事情，只要发现是积极的东西，就马上把它表达出来。

即使不对员工说"真厉害！"只要关注到员工的行动就可以。

"企划书，你按时交了。"

"你一大早就去拜访客户了呀！"

我了解到了，我注意到了，我看到了，只是用语言来表述这样的情况，并持续表述。

如果你的老板像这样持续关注你的行动，你会有怎样的感受？"为什么做不到呢！"比起这样带着斥责意味的训斥，我觉得这样说要好得多。

> **要点** "我看到了""我注意到了"用语言来表述，并持续传达给对方。

143

第五章　敦促对方的自发行动

技巧 45　替换对方心中的画像

人的行动,通常不会完全按你想象的那样发生。比如,即使你在心中反复告诫自己"要向前看,向前看",你的行动也不一定是向前进展的。

那么,人的行为受什么影响最大?具体来说,一个人心灵的屏幕上,画着怎样的画像,对这个人有巨大的影响。

回想一下在日常生活中,你是否有过这样的经历:内心深处一边提醒着自己"我要向前看",而另一边,却又清晰地浮现出"自己撞得头破血流、痛苦挣扎的样子",周围是一片寂静的灰色——试想一下,在这样的场景下,你怎么可能轻松地采取行动?

与此相反,那些能够顺利推进自己行动的人,花了很多时间,用明亮清爽的颜色,将自己意气风发做某事的场景,涂满了整个心灵。

所以,不管发生什么,他都可以马上采取下一个行动。

那么,为了让对方更容易地采取行动,教练需要做的,就是瞬间更换对方心灵屏幕上的画像,帮助对方抹去消极的影像,进而替换成积极的影像。

举个例子,假设有一个新来的推销员,他的销售业绩不理想。因为他一股脑儿只想着怎样提高业绩,反而视野受限,行为受到抑制。也许在他内心,早已用昏暗的色彩描绘出自己失去信心的形象,认为

改变客户的"心灵画像"是教练的职责

无论自己提出什么样的方案,都不能得到客户的认可。

面对这样的他,如果是掌握了教练技术实质的上司,不会只用"加油"这种话来激励对方,而会尝试改变其行动的原动力——内心形象。例如,让对方分享一下,在他过去的生活中,那些虽然遇到了挫折但却成功克服的经历。启发他想一想,如果是他崇拜的人,会如何克服现在的困难等等。

所谓的"教练",就是能够在求助者心中的银幕上,瞬间描绘出一幅激励人心的画像,使对方一看到这幅画像,就想大步迈向前去。

> **要点** 通过回忆自己的成功体验,向榜样看齐,将心中银幕上的画像替换成积极的影像。

技巧 46 注重给对方不断注入能量

就像开车需要加油一样，人的行动也需要能量。如果只关注对方的某个行为，而忽视补给能源，就有可能像汽车因缺少汽油而引发故障一样，对方的行动也会遇到阻碍。

如果你是一个教练，你需要不断地关注对方的能量还有多少，就像你开车时会仔细检查汽油的余量一样。如果对方经常能量不足，那就一起想办法建立一个能量补给系统吧。

就像汽车需要定期注入汽油一样，不要只是在当时慷慨激昂地劝说对方行动起来，而是要每天或至少每两三天，就帮助对方补给一次能量，制作一个这样的指导计划。

当然，指导的过程并不是简单地告诉对方"你要做这个"，而是要提出问题让对方认真考虑一下。

"你觉得怎样做，才能定期为自己补充能量呢？"

当然，如果你有好的想法，也可以尝试向对方提出"方案"。

前几天，我看到我的下属一脸疲惫，目光呆滞，毫无生气。一询问才得知，她最近工作特别忙，每天一回到家，就筋疲力尽地栽到沙发上，倒头就睡。

她想把回家后的时间，转变成能使身体和心灵得到恢复的时间，于是我们一起讨论了她该做点什么。

第五章　敦促对方的自发行动

寻找自己独特的能量补充方法

就像马拉松选手准备适合自己的特别饮料一样,找到适合自己的提神方法很重要。

她的决定是:

"回到家后,马上洗一个泡泡浴。"

"出了浴室后,喷上与在公司时不一样的香水。"

"边听古典音乐,边喝点花茶。"

她回家要先做这三件事。

第二天她神采奕奕地走过来,说道:"太好了!现在我感觉晚上不是白天疲惫的延续,而是一个崭新的开始。我今天感到神清气爽。"

你是如何给自己补充能量的呢?

找到合适自己的能量补给方法后,如果发现有能量不足的人,尝试帮助他补充能量吧。

| 要点 | 如果没有精神,是很难主动采取行动的。寻找自己独特的能量补充方法! |

技巧 47

教练自己也要每天
完成一个小目标

技巧 48

励志成为理想型
教练

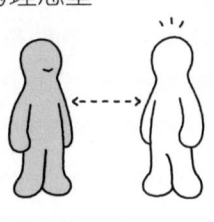

第六章

技巧 51

不要刻意寻找
"妥协点"

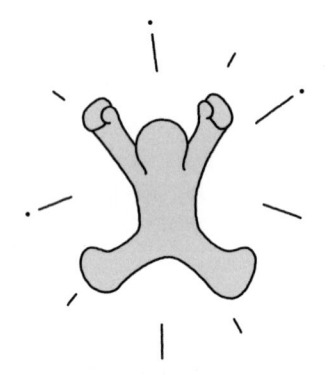

技巧 52

保持高能量

技巧 49
挖掘出埋藏在心底的宝藏

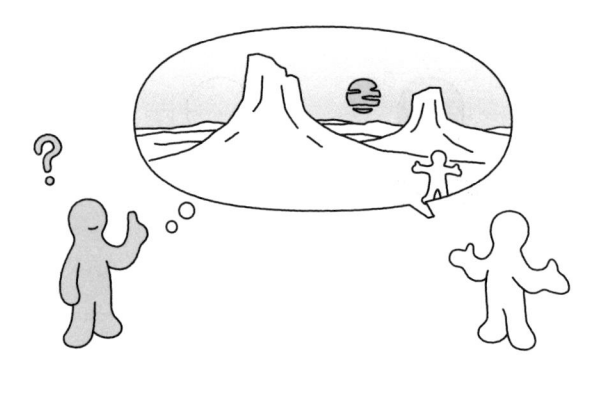

技巧 50
从上方保持距离，观察交流的全貌

立志成为专家型的教练

技巧 53
既不要俯视对方，也不要仰视对方

技巧 54
因材施教，发挥每个人的才能

技巧 55
把对方放进另一个视野中去观察

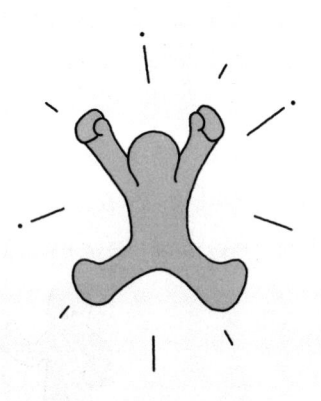

| 技巧 47 | 教练自己也要每天完成一个小目标 |

如果你需要一名教练，你想要什么样的人当自己的教练？试着想象一下。

是男性吗？还是女性？

大概多大年纪？长什么样？

每天怎样生活的人比较好呢？

身边有没有人也愿意接受这个教练的指导？

细看起来，也许每个人，都有一个心目中的理想教练形象，但是，我认为其中也一定有不少共同点，我猜想其中一个就是"实现过大目标的人"。

如果是打网球的话，还是想接受费德勒当自己的教练。如果是经营公司的话，那些曾经担任过有名经营者教练的人是不错的选择，也许大部分人都这样认为。

实际上，名选手不一定是名教练，教练员也不需要把自己的知识传授给对方，所以教练完全不需要是该领域中的佼佼者。即便如此，很多人还是想接受专家型教练的指导。那是因为我们相信，通过接触取得成功的人的"灵气"，自己也一定能实现目标。我们也想被高手浑身散发出来的"没关系，只要做一定能成功"的"灵气"所包围。

如果你想成为教练，就必须在达成目标这件事上成为求助者的榜

第六章　立志成为专家型的教练

每天浑身都散发出达成目标的灵气

训斥

教练　　　　　　　　顾客

不要以为名教练不一定是名选手，就懒惰不努力……

教练　　　　　　　　顾客

没事！我也能做到！

教练自己每天都完成一个小目标，会给求助者也带来勇气和自信。

样。当然，我们不可能一下子就成为"指导的高手"，但是我们需要给自己设定每天完成的小目标，并且有信心完成这个目标。

然后，通过表情和语言将你的目标传达给对方，也一定会促进对方达成他的目标。

并且，为了做到这一点，恐怕首先自己要做一个能够被当作榜样的人。

| 要点 | 通过每天完成一个小目标，励志在达成目标这件事上成为求助者的榜样。 |

第六章　立志成为专家型的教练

技巧 48　励志成为理想型教练

前一节我们已经提到过，好的教练就是求助者的榜样。在这里，给大家介绍一个十分有效的、能够成为理想型教练的方法。

如果让你选择一个理想型的教练，你会选择谁？有没有既十分擅长挖掘对方潜能，自己又目标清晰，执行有力的超级教练？如果有的话，是公司的老板？还是父亲？在继续读下去之前，请一定要在你的脑海中找到这样一个人。只要明确了这个人的形象，接下来，为了成为一名理想型的教练，你就能够明确需要做出怎样的改变。

理想型的教练会怎样看待周围的事物？

他会用怎样的声调讲话？

他会怎样走路？

他站着时举止如何？

他怎样呼吸？

听别人说话时，他是怎样表现的？

不要说我又没见过，我不知道，至少想象一下，理想型教练有可能会这样做吧。理想型教练会怎样鼓励别人？他会常用什么样的姿势或手势？权当自己是演员，彻底变成你想象中的理想型教练的样子。如果你以这样的姿态和求助者接触，对方会有怎样的反应？

他们的脸看起来怎样？

你心中的理想型教练是……

① 他会怎样看待周围的事物?

② 他会用怎样的声调讲话?

③ 他会怎样走路?

④ 站着时举止如何?

⑤ 听别人谈话时,他会怎样表现?

⑥ 他会怎样鼓励别人?

⑦ 他会常用什么样的姿势或手势?

⑧ 对方看起来怎样?

⑨ 对方的声音听起来如何?

⑩ 对方想问什么问题?

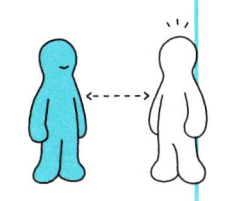

⑪ 你和他们的距离感有改变吗?

⑫ 有什么想和对方一起做的事情吗?

当你彻底成为"理想型教练"时,你就可以看到一个不同的世界。

他们的声音听起来如何？

他们想接收到什么信息？

他们想问什么问题？

你和他们的距离感有改变吗？

有什么想一起做的事情吗？

当你彻底成为一个与自己不同的人时，你就有可能窥见一个与以往不同的世界。你理想中的教练是如何看待对方的，即使只能体验到一点，也尝试一下看看，一定会对提高你的教练能力有所帮助。如果可能的话，明天，就请成为那个"理想型教练"吧，去职场看看。应该会有全新的体验。

> **要点** 把理想型教练的形象清晰地想象出来，每一天都怀揣着彻底变成理想型教练的信念而度过。

技巧 49　挖掘出埋藏在心底的宝藏

接下来我想给大家讲讲如何挖掘宝藏。虽说是宝物，却并不是指金银财宝。而是眼前那个人身上满满的"不可替代的体验"。

首先，请先回想一下自己身上的宝藏被挖掘出来的经历。

当你正和某人聊着天，偶然发现那个人也有和自己一样的美好体验。"咦，你也见过大峡谷的朝阳啊！我也见过。那真是太神秘了。"一时间你的内心兴奋异常，滔滔不绝地谈论起来。曾经看过的景色清晰地浮现在眼前，声音、气味，甚至连当时的感受也在一瞬间被唤醒。刚刚郁闷的心情被一扫而光，心情突然变得愉快起来……

怎么样，读到这儿，你心中是否也会想起某时某刻的某种体验呢？

在日复一日忙碌的生活里，就连那么美好的体验，也会被深埋在心底，难以重见天日。

于是，你会这样想："为什么我的人生这么平淡无聊，缺乏刺激，也没有什么快乐的事呢？"这是因为你把埋藏在心底的、大量的宝物给遗忘了。

一般而言，人们很难自己挖掘出心中的宝物。因为他们往往倾向于去拼命应对眼前的事。

因此，你一定要帮助眼前的人挖掘出埋藏在他内心深处的宝藏。"工作至今，你最开心的是什么时候？"

第六章 立志成为专家型的教练

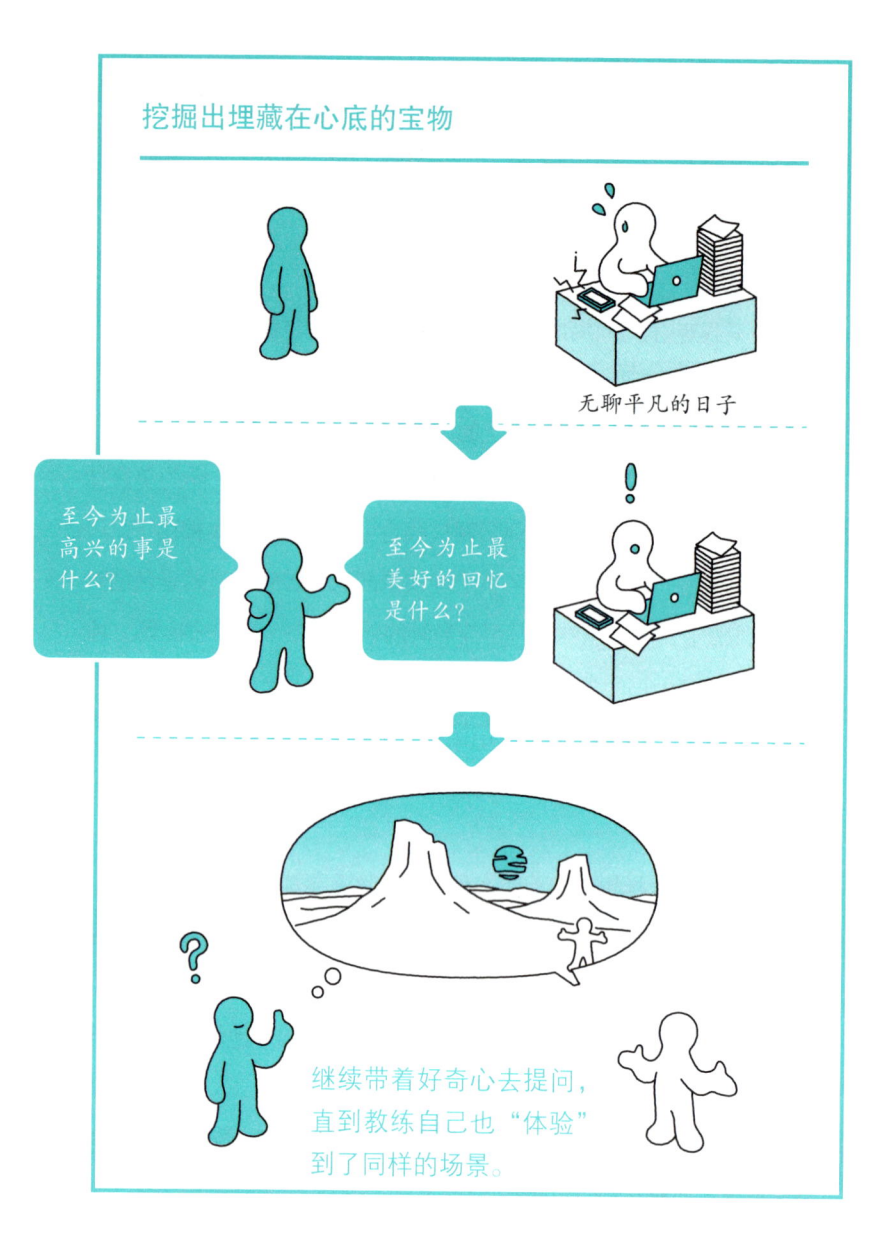

挖掘出埋藏在心底的宝物

无聊平凡的日子

至今为止最高兴的事是什么？

至今为止最美好的回忆是什么？

继续带着好奇心去提问，直到教练自己也"体验"到了同样的场景。

"私人的事也没关系,和我分享一下吧。""在你的旅行中,最难忘的是哪件事?"

然后就像那个人当时所看到、所听到、所感觉到的一样,直到自己也能体验到那个场景为止,带着兴趣和关心反复问一问对方吧。

这样一来,宝物对那个人来说,就不再只是过去的遗物,而是升华为现实的体验。

当然,挖掘出来的宝藏,将给予这个人力量、勇气和宽广的胸怀。

| 要点 | 直到自己也能体会对方那"不可替代的体验"为止,反复地向对方提问吧。 |

第六章 立志成为专家型的教练

技巧 50 从上方保持距离,观察交流的全貌

大家有没有听说过Meta-communication这个词?

Meta是英语前缀,意思是"从上"或"保持距离"。因此,Meta-communication可以直译为"从上面保持距离的交流"。

让心灵的眼睛飘浮在空中,与对方保持距离,看看与某人之间交流的全貌。然后,将这种状态作为话题进行交流。

这就是Meta-communication(后设沟通)技术。

首先想象一下自己正在和某人进行沟通。

可以是"进展十分顺利"的交流,也可以是"总是进展不顺"的交流。如果可以的话,这两种情况请都想象一下。

保持一段距离观察交流的过程,感觉如何?

你会注意到什么?

如果把你观察到的情况传达给正在交流的人,会怎样?

"我觉得我们俩说话很客气呢,你觉得呢?"

"只有我一个人在这儿说话,会不会让你觉得有些无聊,你觉得呢?"

如果带着不安和担忧进行交流的话,会白白损耗双方大量的能量,因此,用"空中视角"观察整个交流过程的全貌,有利于我们发现问题,并与对方及时沟通,同时试着问问对方对你所传达事情的看

站在"空中视角",保持距离进行交流

> 是不是只有我在单方面说话?

> 我觉得我们彼此交流起来都很客气。

如果谈话感到不协调或沉重,那就跳出来,试着站在"空中视角",保持距离地进行交流。

法。

这样一来，可以重新审视并调整正在进行的交流。

在交流中，如果稍微感到不协调，请马上跳转到"空中视角"，然后试着问一问对方的看法。这样一来，可以消除紧张感，重新恢复交流的轻松氛围。

如果是进展顺利的沟通，再采用上述做法，你会额外增加更多的能量。

> **要点** 谈话如果感觉到进展不顺，请马上跳转到"空中视角"。从"空中视角"观察整个交流过程的全貌，并将这种状态作为话题进行交流。

技巧 51　不要刻意寻找"妥协点"

经常有人问我顾问（consultant）、职业咨询师（counselor）和教练（coach）之间的区别。

顾问的主要特点之一是"制定行动方案"，而职业咨询师的特点是"从客户那里寻找引起某种心理状态的原因"。顾问和咨询师为了"将对方引导到某个方向"，都有自己的妥协点，以便和顾客在某一方面达成共识。

而教练则与此相反，他会一直追问到最后："那么，你将怎么办？"完全没有任何妥协，直面顾客，这一点可以说是教练最大的特点吧。

和大家分享一个我在给某企业的管理层做指导时发生的故事。在问了很多问题，澄清了情况之后，我问了他这样一个问题："你能做什么？"

他回答道："不知道，我现在还不太明白呢。"

然后我直直地盯着他，反问道："假如你现在瞬间知道了，那你能做些什么？"他脸上的笑容瞬间消失了。接着，他给了我一个清晰的答案。

刚开始做经营管理教练时，我也会一边问："那你会怎么办？"一边绞尽脑汁地寻找一个妥协点，做好准备，以防对方回答不上来。

第六章　立志成为专家型的教练

顾问/职业咨询师/教练

咨询

让我们这样做吧。

提出解决方案

职业咨询

让我们来找出原因吧。

找出心理状态的缘由

指导

没事！我也能做到！

你一定会找到它的！

你会怎么做？

不准备"妥协的方面"，坚持提问。

但是，随着教练经验的积累，我可以毫不妥协地直面客户了。

我使用的语言和最初的没有什么变化。唯一的不同是，一边询问对方"你会怎么办？"一边在心里大声告诉自己"他一定能找到答案！"自己的信心是可以通过眼神和声调传达给对方的。坚持问两次，通常情况下，对方会开始回答问题。

下次，如果朋友、部下或同事想向你咨询问题，可以这样尝试一下："我想你一定能找到答案。（间隔一段时间）你觉得该怎么办？" 如果对方说不明白，那就再重复一遍。内心深处大声告诉自己："他一定能找到。""如果你能明白，那你能做些什么？"

> **要点**
> 不要一边寻找妥协点，一边诱导对方找答案。
> 而是要相信对方一定能找到内心深处的答案，并坚持追问到最后。

第六章　立志成为专家型的教练

技巧 52　保持高能量

天气对人的心情有不小的影响，这一点你也感受过吧。清澈的蓝天下，人心情也会变得晴朗，而阴沉沉的天气如果持续很长时间，人也会在不知不觉间变得郁郁寡欢。

西雅图位于美国太平洋沿岸的北部，是一个非常美丽的地方。在那里，自然景观和城市建筑巧妙地融为一体，近年来，一直位列美国人最想居住的城市排行榜前十名。然而另一方面，西雅图也作为抑郁症患者较多的城市而为人们所熟知。心理学家认为：其中最大的原因是雨天过多。

就像"晴天或雨天"对人们的情绪有着很大影响一样，一个人的"高能量或低能量"对与其接触的人的行动力也有着很大的影响。

就像在晴朗的天空下，自己什么都不做心情也会变得愉快一样，和能量高的人一起，仅仅是在一起都能受到感染，感觉自己充满能量，想尝试做些什么。这就像在雄伟的景色面前所感受到的那种汹涌澎湃的情绪一样，会感染到周围的所有人。

指导一个人，就是希望他采取行动，直至实现目标。所以教练自身保持高能量是非常重要的。

一个教练无论多么精通辅导语言，如果他自身没有充足的能量，都是很难打动人的。不管教练是否愿意，能量都会通过他们的眼神和声音

真正能打动人的是能量

和能量低的人在一起……

- 心情低落
- 不想行动

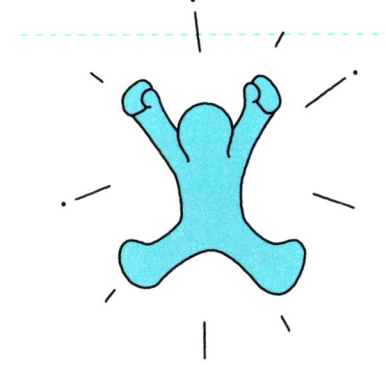

和能量高的人在一起……

- 心情变得开朗
- 想行动

传达给对方。

那么作为教练，怎样才能让自己始终保持高能量呢？方法有很多，其中最简单的，就是选择和高能量的人在一起，那样就可以源源不断地接收到对方所散发出来的正能量了。

和低能量的人待久了，原本再高的能量也会消耗殆尽，就像住在多阴雨地方的人那样。

面对雄伟景色时产生的汹涌澎湃的情感传递给对方多少，把它作为衡量你教练能量高低的指标吧。

> **要点** 为了让自己始终保持高能量，请选择和高能量的人在一起。

| 技巧 53 | 既不要俯视对方，也不要仰视对方 |

首先，请大家想象一个湖，一个十分清澈透明的美丽湖泊。

如果湖面平静，你站在湖畔的身影就会像照片一样出现在湖面上。相反，如果风浪很大，湖面起伏不定，你就不能在湖面看到自己的身影。

同样的道理，作为教练，如果你的内心像湖面一样平静，对方的状态就能映射到你身上，对方就能透过你看到自己、认识自己。

我从事经营管理教练这份职业以来，养成了每天冥想的习惯。早上去了办公室，我所做的第一件事就是闭上眼睛冥想。让自己的内心保持平静，以便能浮现出即将会面的客户的形象。

为了学习冥想，我曾去过纽约的冥想室（阿什拉姆）。那里有一位非常漂亮的印度女老师。第一次见面，她就给我留下了非常深刻的印象。刚一见面，我就有一种时间瞬间停止下来的感觉。本来没想暴露自己，却瞬间就在对方面前把自己暴露无遗了。

当时的我，透过老师，就像透过一面镜子一样，看到了自己。想要自己的内心像湖面一样平静，冥想确实很有帮助。但你也不可能突然开始学习冥想。职业教练的训练中也没有冥想这一项，所以在这里给大家介绍一个可以达到同样效果的方法。

根据我的经验，如果能做到既不俯视对方，也不仰视对方，内心就

第六章　立志成为专家型的教练

无论你是从上俯视对方，还是从下仰视对方，内心都会泛起涟漪

如狂风暴雨一般波涛汹涌的内心

无论你是从上俯视对方，还是从下仰视对方，内心都会泛起涟漪。

平静如湖面般的内心

当你面对一个真实的自己时，内心就会趋于缓和平静。

可以真正做到风平浪静。

无论你是从上俯视对方，还是从下仰视对方，内心都会泛起涟漪。而以这种状态面对对方的话，会将这份涟漪也传达给对方，对方的内心也会泛起微波。如果在双方都心怀波澜的状态下谈话，可能会很有趣，但不适合深入探索自身。

教练需要站在同等的位置，真实地、直接地面对对方。

> **要点** 教练需要既不俯视对方，也不仰视对方，保持一颗平和宁静之心。

第六章 立志成为专家型的教练

技巧 54 因材施教，发挥每个人的才能

我曾多次拜访过一位经营着一家咨询公司的执行官。令人惊讶的是，每一次，他都能用更简洁、更深入的话语解释企业教练技术。

"要经常磨炼自己的本领。"

我想正是因为他抱着这样的信念不断钻研，才能做得这么专业。

企业中有不少人每天都在钻研经营能力、开发能力等业务能力。但是，令人遗憾的是，在"充分发挥对方才能"这件事上，不断地磨炼自己能力的经营者却几乎没有。至少从我以往的经验来看是这样的。

大部分情况下，经营者们都有一套"适用于自己的培养方法"，无论对谁，他们都使用这一套方法。

当然，这套方法既有行得通的时候，也有行不通的时候。如果行不通，他们就会认为是"那家伙没有能力"，把责任归咎于部下。

在经营的过程中，如果遇到自己不擅长应付的顾客或是棘手的情况，经营者们通常会想方设法努力克服。也就是说，会为了打破僵局而进行战略性思考。

但是在培养人的时候却很难做到这一点。"对S这样引导""对T那样引导"，从战略上认真考虑每个部下的情况，因材施教，能做到这一点的上司恐怕是少之又少。

部下进展还算顺利，为了再进一步提高对方的才能，而考虑做些什

想要充分发挥每个人的才能，就必须因材施教

自己适用的培养方法

击球需要力量！

基于个人经验的培养模式只适用于适合这种方法的人。

个别对应的培养方法

根据每个人的特点，因材施教。

么的上司，就更少了。

即使费德勒已经在男子单打大满贯中斩获了20次冠军，他的教练还是在不断思考："如何能帮助他更进一步？"如果上司也像这样，认真考虑如何培养好每一名部下的话，那公司一定会有更大的发展。

好不容易读到了这本书，那就彻底磨炼一下自己作为教练的本领吧！

首先，请你回想起每名客户的脸，花时间思考一下，对他们分别该采取怎样的指导策略。

> **要点**　适用于自己的培养方法，只能培养一部分人。请记住，培养方法需要因材施教。

技巧 55 把对方放进另一个视野中去观察

很久以前,我曾给一家大型金融公司的首席执行官做过指导。对方是一名60多岁、管理着3万人的优秀执行董事。而我只是一个40岁刚出头的经营管理教练。

他是一位在无数公司内部的竞争中幸存下来、并走到最高层的优秀人士。他身材高大魁梧,穿着时尚潮流,善于言辞,逻辑清晰,并且幽默风趣。

教练存在的价值就在于"提出问题"和"提供反馈"。然而当时,我却想不出该向对方反馈什么。反馈,就是通过对对方的观察、聆听和感受,将自己内心浮现出来的感受传达给对方。

举个例子,如果他讲话无趣,即使对方是大企业的执行董事,我也会告诉他我的主观感受:"您说话不够风趣呢。"

像"完全没有受到启发呢""很无聊啊"这样的话,如实传达了自己的感受。这样会给对方认为"理所当然"的发言带来动摇,给对方创造反思自己的机会。经理人教练就是那些即使直截了当地告诉对方"您的发言真无趣",也不会破坏双方关系的人。

但是,面对眼前的这位CEO,我的脑海里浮现出来的,只有"很有趣""很受启发""很刺激"等词汇。我将这些感受传达给了对方,当然,这些并不能引起对方的任何动摇。

第六章　立志成为专家型的教练

即使你认为对方是"完美的领导者"……

如果对方是全球企业的领头羊呢？

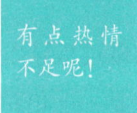

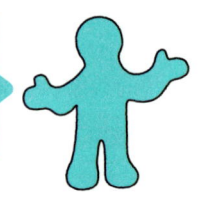

有点热情不足呢！

这样啊！

如果对方是自己的父亲呢？

太过威严，难以接近。

很新鲜的观点！

如果对方是一国首相呢？

不易亲近。

还有继续努力的空间呢！

即使直接告诉对方，也不会破坏双方关系，这就是"教练达人"魅力。

平常，我也从身边的人那里收到过很多类似的反馈。我，到底该如何发挥作为教练的价值呢……

"是的，把他放进另一个视野中去观察一下。"这样做做看看。

如果不是作为国内3万人企业的管理者，而是作为全球企业的管理者去看，他还有哪些不足？或者，如果他是自己的父亲，你觉得怎样？更或者是，如果他是一国的首相，你感觉他如何？

这样一想，我就得到了很多反馈。

如果作为全球企业的领头羊，他缺乏魄力。虽然他说话漂亮，但热情不足。如果作为自己的父亲来看，他太过威严，难以接近。如果作为一国首相，他没有深入到百姓心中，也就是说不够平易近人。

我找了个机会，把想到的这些告诉了他。对自己的言行从来没有产生过怀疑的他，内心突然产生了一丝波动，他告诉我："这太有意思了。"

把对方放在不同的视野中去观察。你很有可能会得到一个新的思路。

> **要点** 放在不同的视野中去观察对方，会让对方对自认为是"理所当然"的言行产生动摇，从而有所发现。

技巧 56
珍惜异议或反驳

技巧 57
与关键人物进行
一场彻底的交流

第 七 章

技巧 60
设计一个容易引
起交流的环境

技巧 58
观察、谈论团队的状态

技巧 59
团队里"问题"共享

在团队或组织中引起话题

技巧 61
迈出通向"横向对话"的一步

技巧 62
珍惜彼此的不同

第七章　在团队或组织中引起话题

技巧 56　珍惜异议或反驳

我曾有机会与石川善树先生单独交流,他曾在哈佛大学学习公共卫生学,并就社会中的个人福祉问题提出过各种建议。他曾在个人演讲中提出:"信用和信赖是两个完全不同的概念。"

"信用是基于理性的判断,而信赖则是情感的流露",因此,"我相信他的能力,但我不能完全信赖他的人品"这样的表达是成立的。反之亦然,也可以这样说:"我信赖他的人品,但我不相信他的工作能力。"

我对石川说:"这样说来,信用和信赖的区别还是很容易理解的。"他回复道:"是的,不仅如此,信赖和信仰还是有不同的"。

石川还认为:信赖和信仰在"具备感情色彩"这方面是一样的。不同的是,信赖允许异议和反驳,而信仰却不允许。

我认为:只有在能够相互允许不同意见、反对意见的基础上,才能形成真正意义上的信赖。

经常有经营者和管理人员向我求助:"大家在会议上都不提意见,该怎么办?"

自由发言需要让发言者有安全感。而安全感是在信赖的基础上产生的。而信赖,又是在相互允许不同意见和反对意见的情况下培养出来的。

平时重视不同意见或反驳意见了吗……

今天让我们自由发表一下意见吧！

说了也没什么用……

说了会挨骂……

鸦雀无声

说了要承担责任……

会议的气氛变坏了……

只有平日里"提出'反对意见'也没关系"，这样的体验日积月累，才能使人们产生信赖感和安全感，才能促使人们自由发言。

反过来讲，只有平时双方之间都有"提出反对意见也没关系"的切身体验，才能加深相互之间的信赖，才能进一步产生安心感，才有可能促成自由发言。

教练不会回避异议、躲避异议、撕碎异议。

虽然我不赞成你的意见，但在为了"团队和组织的发展"这一共同目标上，我将异议视为重要的、最宝贵的、最不可替代的资源。请问你在多大层面上已经准备好接受对方的异议或反驳了呢？

要点 把异议或反驳当作迈向更大目标的、重要的资源来处理。

技巧 57　与关键人物进行一场彻底的交流

前几天，某金融公司的事业部部长问我："接受辅导后，我明白了沟通的重要性。有什么好办法将其推广到整个团队呢？"

于是，我问了他以下的问题："那请您想一想，在团队内部展开对话的关键人物是谁？"

不管是对话还是别的什么，只要想在团队内传播，就必须选择关键人物，并期待关键人物的活跃表现。但关键人物不一定是你的直属下属，只要是有影响的人，谁都可以。可能是新人、外国人，也可能是派遣人员，更有可能是你根本想象不到的人。

如果想推广某种沟通方式，首先需要与关键人物进行一次彻底的对话："我们这个团队为了取得更好的业绩，能做出哪些改变？"

提出问题，共同探索，督促发现。

交流是具有"感染力"的。体验过交流的全过程，并通过交流有所发现的人，会想继续交流。

如果能与5位关键人物进行真正有效的沟通，那么有可能每名关键人物都会继续和另外5个人产生交流。也就是说，一个人就可以促使25人产生交流。

一个人对交流的热情，甚至可以创造沟通文化。很多人都看过这样的视频，一个人纵情跳舞，周围的人会一个接一个地跟着跳起来。

第七章　在团队或组织中引起话题

从关键人物开始扩展"交流文化"

我们能做些什么呢?

与关键人物进行一场彻底的交流。

我们能做些什么呢?

享受交流乐趣的关键人物会继续传播"交流文化"。

重点是，你是否"发自内心地享受它"。

你，或是关键人物，如果能全心全意地享受在团队中进行辅导或是沟通的过程，总有一天，团队全体成员都会乐在其中。

而这一切，都是从你开始的。

> **要点** 如果能与5位关键人物进行真正有效的沟通，很有可能在25人之间产生交流。

第七章　在团队或组织中引起话题

技巧 58　观察、谈论团队的状态

如前所述，Meta-communication（后设沟通）是指"离开"目前的交流现场，观察交流的全过程，并将注意到的东西进行分享。

此方法不仅适用于一对一的场合，也适用于会议等团队成员聚集的多人场合。

"惯性"在团队内部的交流中总是起着至关重要的作用。

不知道你是否有这种体会，总觉得昨天的交流今天仍然在团队中持续。一开始，大家朝着同一个目标，互相提意见，团队气氛非常活跃，但渐渐地，氛围逐步恶化。慢慢地没人提意见了，人与人之间的关系也变得微妙、冷淡。

突然发生的争吵虽然可以解决，但逐渐恶化的团队氛围却很难改变。这虽然不是温水煮青蛙，却可以说是温水煮团队——这个时候，如果有一个擅长后设沟通的人在，情况就会发生改变。

在2015年的橄榄球世界杯上，日本队战胜了南非队，被称为世纪大冷门。

很多人谈论，这一切归功于埃迪·琼斯教练和迈克尔·莱奇队长的团队领导，或是球队董事层的英明决断，但不可否认的是，幕后主角一定是"小巨人"9号前卫田中史朗选手。

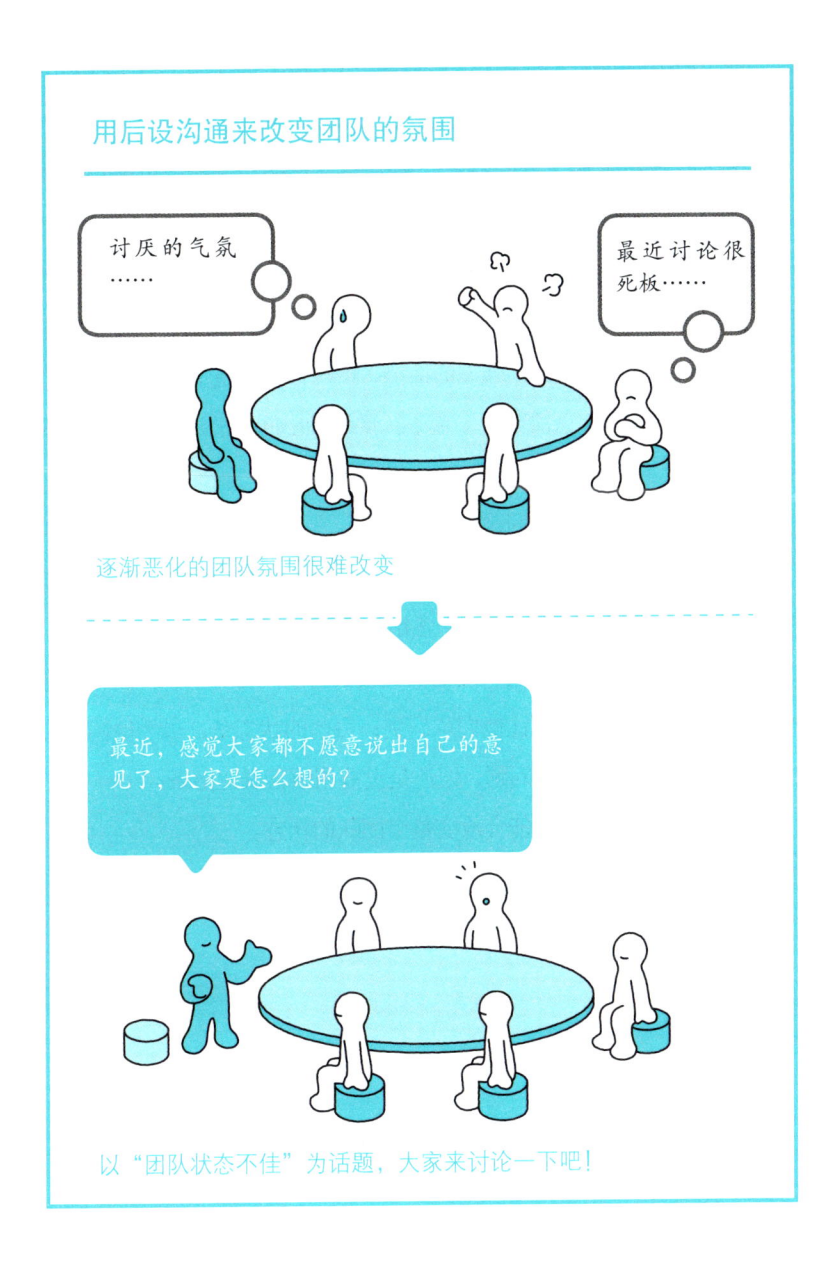

用后设沟通来改变团队的氛围

讨厌的气氛……

最近讨论很死板……

逐渐恶化的团队氛围很难改变

最近,感觉大家都不愿意说出自己的意见了,大家是怎么想的?

以"团队状态不佳"为话题,大家来讨论一下吧!

第七章　在团队或组织中引起话题

读了田中史朗选手的著作《与其输，不如被讨厌》后，才发现田中选手是多么善于沟通鼓舞团队士气。

当团队成员不够认真的时候，他会情真意切、一脸严肃地劝告大家："为什么不尽百分之百的努力！"想象一下，身高190厘米的大高个们围圈而立，中间是只有166厘米的田中选手，但他的每句话都直击队员们的内心深处。

据说田中先生曾用感情强烈的话语，多次惊醒了整个团队。

俯瞰整个团队，认清现状，毫不犹豫地指出问题。这正是团队间的后设沟通。

指导，需要把发现的问题提出来。

让心灵的眼睛飘浮在空中，眺望整个团队，然后，询问注意到的事情。"最近，感觉大家都没有说出各自的意见，大家是怎么想的？"

像这样，提出一个问题，使团队成员都可以站在"空中视角"，观察整个交流过程的全貌，让他们意识到：目前的状态是，虽然他们隐约注意到了团队在某方面的问题，但还是没能用语言表达出来。

你的后设沟通很有可能会改变整个团队的状态。

就像田中选手说的那样。

> **要点**　用后设沟通来改变逐步恶化的团队氛围。

技巧 59　团队里"问题"共享

人们每天都会问自己很多问题。问问题，回答问题，问问题，回答问题……思考似乎就是由"一连串的问题和答案"组成的。例如，回想一下你每天早上起床，就会马上问自己："今天的日程安排是什么来着？"接着，大脑会试图给出答案："对，开会。"紧接着，下一个问题就会浮现出来："该穿什么呢？""是不是该穿上正式的西装呢？"

像这样，不断地提问、作答。整个过程的关键是"对自己的提问"都是在无意识间进行的，并不是有意识地问自己"来吧，我要问这个问题了"。所以，当你察觉到你会向自己提问时，也许你已经问过同样的问题好多遍了。

有一种说法是，人们一天要问自己1000次左右的问题。

可能这个问题是"怎样做才能不被上司骂呢？"如果大家都问这样的问题，团队的活力就不可能高涨，更不可能产生有创意的想法。

我曾和一家全球连锁酒店的日本代表交谈过。

美国总部的高层经常给他发短信或打电话，然后问他："喂，今天，我们是世界第一吗？""客户满意吗？"如果他的回答"是的，长官"，对话很可能就此结束了。

但是，如果被问到"今天，我们是世界第一吗"，代表这样回答："可能是世界第一吧，为了成为世界第一，我们还能做些什么？"这

第七章　在团队或组织中引起话题

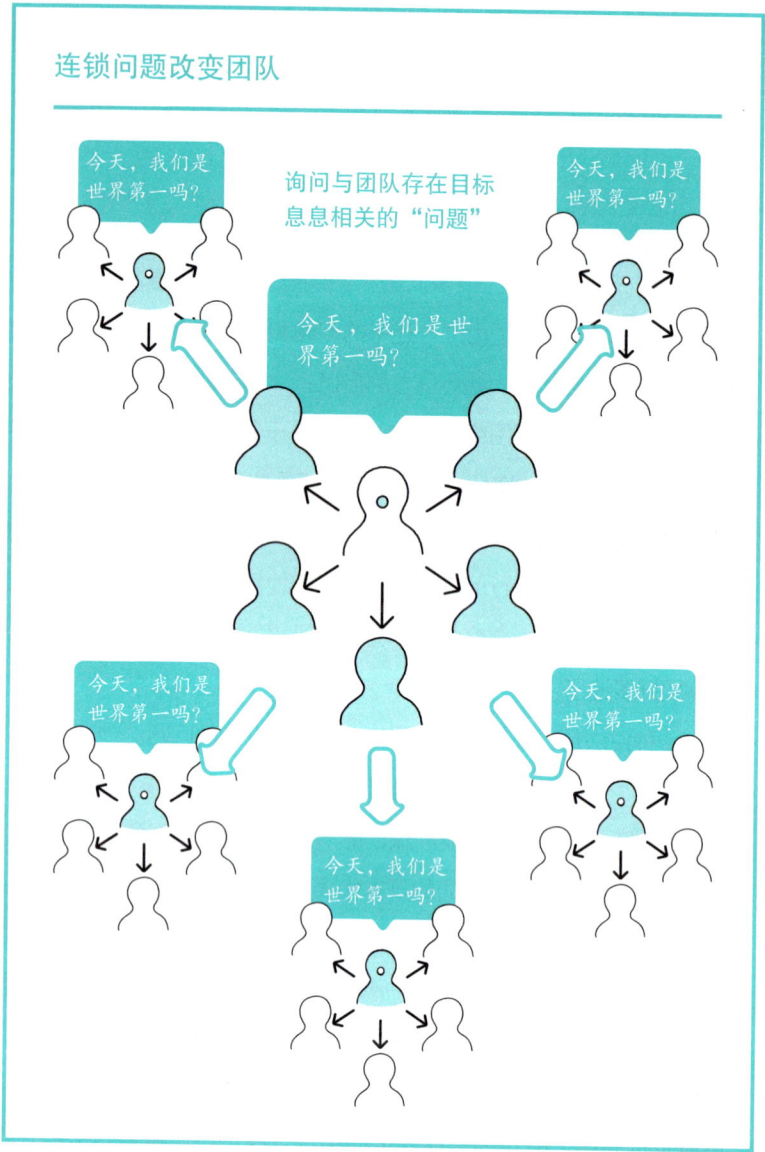

连锁问题改变团队

询问与团队存在目标息息相关的"问题"

今天，我们是世界第一吗？

种回答会促使双方继续进行思考。高层甚至会问到前台的工作人员和门卫。"喂，今天，我们的服务是世界第一吗？"

就这样，领导者的"提问"起了连锁反应，变成了成员间的共享问题，全体成员每天都在思考"世界第一的服务应该是什么样子的"。这就是"问题共享"。

教练绝不会因为要保住自己的身份或地位，只在团队成员间提问那些"方便自身回答的问题"。他们会自己设计问题，这些问题都是直接关系到团队存在目标的，然后向团队成员提问，并鼓励团队"分享问题"。

> **要点** 让与团队存在目标相关的"问题"起连锁反应。

第七章　在团队或组织中引起话题

技巧 60　设计一个容易引起交流的环境

你有没有听说过，还有容易引起交流的环境。

为了活跃交流气氛，在办公室上下功夫的企业似乎增加了不少。即使不像美国西海岸的高科技互联网企业那样，也有很多公司可以自由地选择工作地址，或是在办公室里配备很多绿色植被，或是设置可以轻松交谈的、像咖啡厅一般的空间……

然而，即使是在这样的企业，在董事们开会的房间里，也是一如既往地显得庄重。我不止一次地想用卷尺来测量一下那些张又大又长的椭圆桌——看看坐在它旁边，与眼前的人究竟会间隔多远。

不仅仅是在企业，在学校、医院、政府机关等"重量级人物"聚集的场所，至今仍是一幅十分庄重的场景。

我不知道这是不是为了展示权威，但在这些场所里，完全没有在美国西海岸企业中的轻松氛围。管理整个组织的人的交流场所，本应该是最容易引起对话的地方。

简单来说，如果人们彼此之间有距离，就很难进行对话。

以前，我曾被邀请去参观某企业的管理培训设施的首次布展。给我留下深刻印象的是，他们设置了一个"创意室"，供那些想要进行创造性思考的人使用。

它们的配置是这样的：一张小圆桌，配有六把椅子。椅子是连在桌

气派的会议室，很难产生对话……

为了显示权威的会议室

为了相互交流的场所

一坐下来，就不得不交流，
试着在方便交流的场所或是设备上下功夫吧！

第七章　在团队或组织中引起话题

子上的，所以，当大家坐下来的时候，他们之间的距离会相当近。

这样的话，一坐下来，人就不能不说话。如果保持沉默，就会感觉不舒服。

引导我们参观的设施负责人说："一开始我们只是想做个试验，但其作用远远超出了我们的想象。在这里，讨论变得非常活跃。"

如果不是为了赋予领导者权威，而是为了让领导层更容易进行沟通，会议室的桌子设计得越小越好。

对话的关键是技能、心态和恰当的设施。

要点　　设计不说话就会尴尬的设备和环境。

技巧 61　迈出通向"横向对话"的一步

客户在向超级教练公司咨询关于组织发展的问题中，有很多是："如何开展横向对话？"

所谓横向对话，从企业内部来讲，就是指跨部门间的对话。

与"横向对话"相比，"纵向对话"要容易开展得多。最近引进1on1机制的公司越来越多。纵向对话进展顺利与否我们姑且不论，在纵向对话过程中，职位权力发挥了很大作用，上司只要向大家提议一句："大家抽出时间来聊一聊吧！"纵向对话就开始了。但是，"横向对话"不会这么简单地开始。

前几天，一家物流公司的总裁跟我谈过这样一件事。

"作为事业部门负责人的执行董事，完全不想和其他执行董事说话。大概是因为他们有不同的经验和视野，一说话彼此间都有可能会受到刺激……有什么方法可以改变一下这个状态吗？"

"为什么执行董事之间不说话呢？"我问道。

他回答道："应该是他们都不想被别人说自己的部门这不好那不好。这是我的领域，我对领域内所有的事情都负责，才不想被别人说三道四。其实这也暴露了执行董事制度的弊端。"

说话，其实是一种伴随着风险的行为。

可能会被对方批评，可能会被否认。

第七章　在团队或组织中引起话题

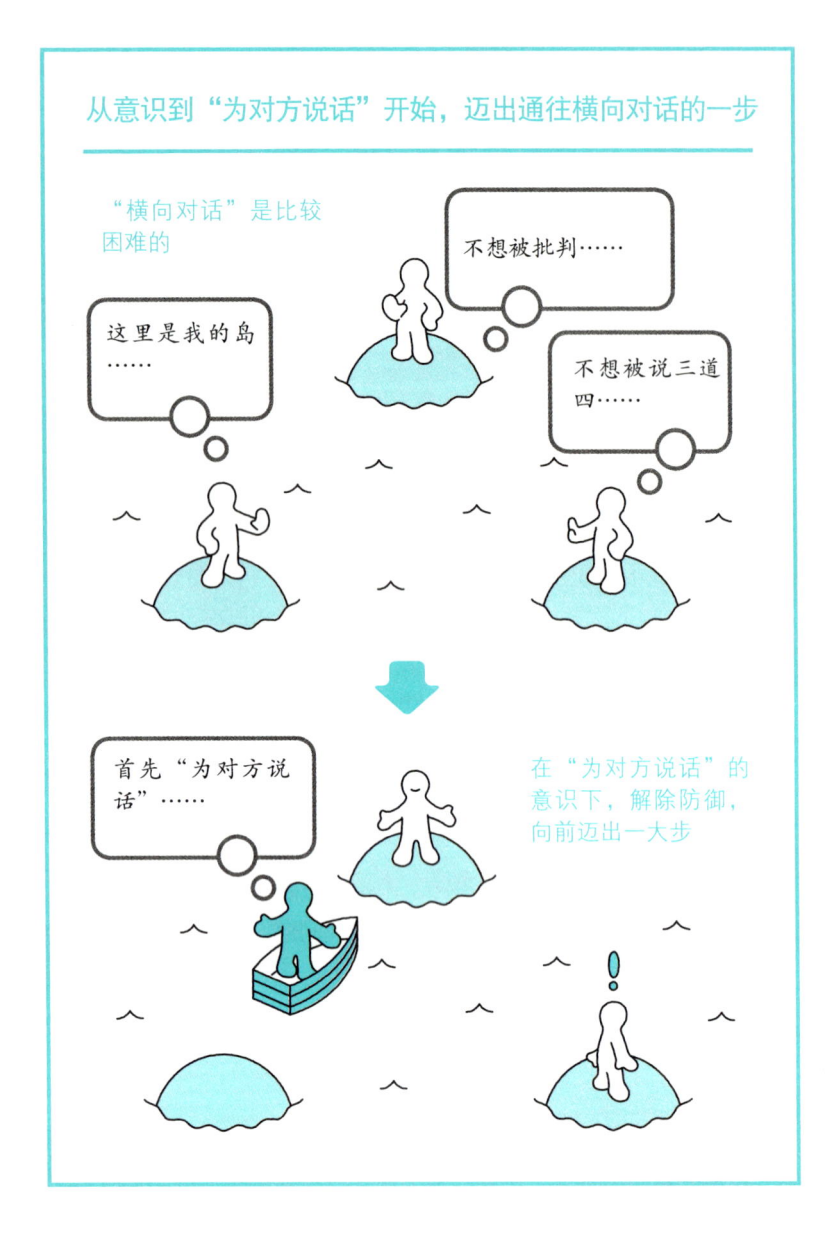

从意识到"为对方说话"开始，迈出通往横向对话的一步

"横向对话"是比较困难的

- 这里是我的岛……
- 不想被批判……
- 不想被说三道四……

首先"为对方说话"……

在"为对方说话"的意识下，解除防御，向前迈出一大步

所以,被"职位"保护的"纵向对话"就很好,如果可能的话,人们往往会尽量避免防御薄弱的"横向对话"。

要想横向对话,自己的心理素质就需要180度的大改变。

把自己的利益放在一边,站在对方的角度为对方说话——也就是说,这是教练角色下该有的对话方式。

在为对方着想的瞬间,自己的防守意识会变得淡薄,从而也促使你向对方迈进一步。

从结果上看,这有助于你与对方建立信赖关系,有可能会获得信息,也有可能会得到帮助。

刚才我们提到的那家物流公司,为了解决这个问题,建立了一个由A部门的执行董事指导B部门的执行董事的制度。

一开始执行董事们十分不满:"为什么要建立这个制度呢?"但是,随着时间的推移,双方之间产生了前所未有的信赖感。

正如社长所说:"经营会议的气氛变得非常好。以前,即使有人发言,也几乎没有人提出问题和意见。现在,我们已经开始进行激烈的讨论了。"

"横向对话"的好处并不少。

| 要点 | 有效的"横向对话"从决定"为对方说话"开始。 |

第七章　在团队或组织中引起话题

技巧 62　珍惜彼此的不同

无论是在组织中，还是在团队中，都存在着各式各样的交流。有试图弄清对错的"辩论式交流"，有主要目的是发现彼此的共同点、营造安全感的"会话式交流"，还有"信息共享"。使用社交媒体等数字工具进行交流，大多数情况下以信息共享为目的。

所谓交流，既不是辩论，也不是会话。交流中也会分享信息，不过，这并不是它的主要目的。交流是为了使"彼此之间的差异"变得更明显的同时，进一步获得"对事物的新的洞察力"。

自己是这样看待事物A的，对方也是这个看法吗？如果对方也这样认为，那么A就是这样的。

虽然说起来有点抽象，但当我们进行真正有意义的交流时，就会产生这样的认识。"通过与眼前的人的交谈，世界也焕然一新了。"你可以享受无以言状的惊喜和乐趣。

向对方提问，共同探索，帮助对方展示出连自己都没能表达出来的观点。这就是教练的职责。

要不惧怕差异，喜爱差异，走进差异中去。

所以说，教练是交流的发起者，是交流的代理人。

在你的团队里，什么样的交流比较多？

辩论/会话/交流的区别是……

辩论式交流

"我是对的!"

正确还是错误很重要

会话式交流

"我们都一样呢。"

彼此间的共同点和安心感很重要

交流

"我们是有区别的。"

彼此间的不同很重要

第七章　在团队或组织中引起话题

那是你想要的交流吗?

如果你希望在团队中增加交流,认真学习一下企业教练技术绝对是一个不错的选择。

> **要点** 从珍惜彼此间的不同开始,产生对事物的新的洞察力。

作者的话
——出版20年修订之际

我第一次接触企业教练技术是在1996年的秋天。超级教练公司的创始人伊藤先生曾邀请美国教练来日，举行企业教练技术的培训活动，我也有幸参与其中。那一刻，我深感自己找到了值得奋斗终身的行业，所以激动万分。

从那时起至4年后的2000年，4年的时间里，我把自己积累的知识、技能、经验和热情分享给了更多人。

我想向世人传达，世上还有一种叫作"企业教练技术"的技能，它能够影响人主观能动性的发挥。

抱着这样的想法，我开始撰写这本书。那是我第一次写书，我的指尖在电脑的键盘上不停地飞舞着。总之，我想说的话有好多好多。幸运的是，2000年5月，本书的第一版顺利出版了。

令我高兴的是，20年来，这本书被越来越多的读者读到，并且很多人给我写信分享他们读后的感想。

在这里，我挑选了几个，和大家分享一下。

"读了这本书，使我意识到人的性格和才能各有特点,所以指导方法也应该因人而异,瞬间解开了我一直以来的困扰。"

"第一次遇到这本书时,它只是一个小小的口袋书,我随手翻了翻里面的内容,匆匆瞥了一眼,没想到却找到了当时一直在思考的课题的线索。从那以后,我会定期回过头来读一读。"

"作为一本讲述人际关系与沟通技巧,激发人主观能动性的图书,它在改善朋友关系、夫妻关系等广泛的人际关系领域,卓有实效。"

"我希望更多人能够读一读这本书,它能够让在日本企业工作的人才最大限度地发挥出潜能。"

"在世界多样化的今天,如果不能不断地创造出新的附加值,公司就会被淘汰。企业教练技术就是教给我们,如何通过沟通认可每个人的个性,并因势利导,让每个人的潜能都能得到最大程度的发挥。"

21世纪需要企业教练技术的三大理由

早在2000年,我就认为今后的企业,离不开企业教练技术,原因有三。

第一，正确答案越来越不容易找到了。

像过去那样，单纯由经验丰富的上司或前辈给下属或后辈发出指令"就这样做！"这样的时代已经一去不复返了。单纯靠前辈的经验已经很难应对当今迅速变化的业务形势了。

面对史无前例的难题，为了找到答案，就需要领导者向下属或后辈提出问题，共同寻找答案，而这正是企业教练技术所采用的方法。

第二，扩大组织多样性的需要。

无论是哪个时代，都不可能只有一个相同的价值观，价值观会因年代的不同而发生很大的变化。

例如，公司里的国外员工在不断增加。女性走进职场的呼声也日益高涨。这并不是指最近的事，而是2000年时的情况。

在这样已经发生改变的工作环境中，企业教练技术有利于凝聚抱有不同价值观的劳动者，帮助他们树立共同目标，描绘相同的美好未来。

第三，创新呼声高涨。

日本自泡沫经济破灭之后，整整十年间（1991~2001）经济发展停滞不前，被称为"日本失去的十年"。

日本企业想要扭转局面，就必须进行改革创新。创新需要有不怕失败、敢于挑战的精神。为此，上司必须鼓励员工进行挑战。

只督促部下"快去挑战",是远远不够的。这时候需要发挥企业教练技术的作用,向员工们提出问题,拓展他们的视角,扩大他们的视野,改变他们看待问题的角度。

从本书读者的评论和感想来看,企业教练技术主要有以下三个方面的贡献。

1. 随着不易找到正确答案问题的增多,需要企业教练技术帮助解决;

2. 有利于扩大组织内部的多样性;

3. 有利于改革创新。

这三方面的作用,即使过了20年,放在今天仍然是企业不可或缺的主题,而且它的重要程度比20年前更甚。

企业教练技术的贡献领域大幅扩大

20年来,需要企业教练技术的领域,比我当初想象的要大得多。

体育界的竞争变得愈加激烈,即使是身为教练员或领队,在很多事情上,包括在训练方式上,也很难迅速找出问题的正确答案,向选手提出合理的建议。

选手们之间也存在年龄差。因为是团队比赛,也会有不同国籍的选手参与其中，团结和管理选手也很重要。

在现在的体育界，如果没有新的想法和战略，是很难取得胜利的。

这与企业教练技术的三大功能不谋而合，正因为此，很多体育教练表示，他们正在积极引入企业教练技术的思维方式和实战技能，以便帮助选手们最大程度发挥出自己的潜能。

最近在医疗界，"团队医疗"的呼声越来越高。

现在的治疗过程，绝不是医生个人认为"这样处理就行"，就能轻易决定下来的，而是由医生、护士、药剂师等组成的医疗团队根据患者的情况，基于自己的专业领域提出相应的意见，综合选择最佳治疗方案。

专业不同，让每个人都有不同的立场和想法。

有时也需要有改变医院运营状况的大胆想法。

这样看来，医疗界也需要企业教练技术的三大功能。所以，每次日本医疗管理学会开会时，总能听到企业教练技术引入医院的经验分享。

最后是在学校和家庭。即使是老师，即使是父母，想就学校生活给孩子们提出易于接受的建议也并不容易。这是因为他们与被称为网络原住民的年轻一代之间，存在着巨大的价值观差异。

当然，为了让孩子们今后可以大展宏图，更好地走向未来，老

作者的话

师和家长们都想帮助他们开阔眼界，用大格局、大视野去看待问题。

在学校和家庭，也面临三个类似的挑战。在学校或家庭中尝试引入企业教练技术的老师和家长，有很多人反馈"自己与孩子的关系发生了巨大的变化"。

看到企业教练技术在企业、体育、医疗、学校和家庭等各个领域，都发挥了巨大的作用，作为第一个将它从美国引入日本的公司的董事长，我真的感到十分高兴。

决定撰写修订版的三大理由

本书的旧版自出版以来已过了20年。

此次，应Discover21出版社的邀请，我决定重新撰写修订版。

虽然有受到邀请的原因，但我自认为"必须马上动手修订此书"的理由，主要有以下三个。

第一是因为"担心在某些情况下，企业教练技术会被误用"。

虽说在指导过程中，向对方提问是必不可少的。但在日常生活中，我发现不少人会为了"让对方解决学校的难题"，而提出一个大问题。

"你，认为这个怎样？"

提问的视角多多少少是从"上"往"下"俯视的。明明是自己心中已经有答案的问题,偏偏想让对方思考一下。这不是真正的企业教练技术。

真正的企业教练技术,归根结底,是把问题放在两人之间,一边共同探索,一边促进对方发现自我。

我在2000年撰写这本书时,非常重视"促进对方发现自我"这一点。

为此,在书中,我多次使用了"激发"一词。当时,我想用"激发"一词来表达的,是指导过程的发现并不是教练主观创造出来的,而是"让对方早已存在的可能性尽情彰显"。

但是,听说"激发"这个词还可能有别的意思。

大家想象一个这样的场景:有经验的人、通情达理的人、有技能的人一排排站好,就像是刀俎上的鱼肉一样,我掌控着发挥大家潜能的大权,让我把它激发出来给你们看看……"激发"好像还有这样一层意思。

因此,我一直很在意这个词,担心它给读者传达的意思有不当之处。这一次,我果断删除了"激发"这个词,改为了另一种表述方式。

这不仅仅是改了一个词,而是想借机告诉大家,本书自始至终都贯穿着一个哲学理论,那就是"真正的企业教练技术,是把问题放在两人之间，一边共同探索，一边促进对方的自我发现"。

第二是因为"我想让大家看到，企业教练技术是如何在组织中或是团队中引起话题的"。

一提起辅导，大家基本上会认为是一对一的形式。

但是，在日常生活中我也经常被问到这样的问题，"为了让会议、集会，或是一个团队、一个组织变得活跃起来，该如何利用企业教练技术这个技能呢？"

因此，为了满足读者"希望激活团队和组织之间的对话"的需求，我增加了第七章的内容。

第三是因为，"20年来，我和超级教练公司的小伙伴们一起，在与客户指导交流的过程中，又获得了许多新的技能和知识，想再次分享给大家"。

企业教练技术不是从一开始就彻底完善的，至今在世界各地，每天都有许多人在不断钻研，不断丰富其内涵，不断推进其进化完善。

借此修订之际，我也想和大家分享一下我刚刚获得的技能、刚刚发现的观点。

因此，虽然本书以几个新的切入点来讲述企业教练技术，但并没有改变企业教练技术的本质。

企业教练技术的本质是"打造能够创造未来的自主型人才"。

人们普遍认为，企业教练技术需要做的是如何利用自己的沟通技能，来调动眼前人的主动性，以便让他更好地飞跃进未来。

　　此时此刻拿到本书的你，如果能比以往任何时候，无论在工作上、私事上，还是在家里，能以企业教练技术为基础与周围的人进行交流，立志打造成为能够创造未来的自主人才。作为作者，再也没有比这更令我高兴的事了。

　　由衷感谢您的阅读。

铃木义幸